要素配置推动制造业
高质量发展研究

徐冬梅◎著

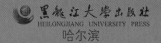

黑龙江大学出版社
HEILONGJIANG UNIVERSITY PRESS
哈尔滨

图书在版编目（CIP）数据

要素配置推动制造业高质量发展研究 / 徐冬梅著
. -- 哈尔滨：黑龙江大学出版社，2021.12
ISBN 978-7-5686-0743-8

Ⅰ．①要… Ⅱ．①徐… Ⅲ．①制造工业－产业发展－
研究－中国 Ⅳ．①F426.4

中国版本图书馆 CIP 数据核字 (2021) 第 279916 号

要素配置推动制造业高质量发展研究
YAOSU PEIZHI TUIDONG ZHIZAOYE GAOZHILIANG FAZHAN YANJIU
徐冬梅　著

责任编辑　杨琳琳　徐晓华
出版发行　黑龙江大学出版社
地　　址　哈尔滨市南岗区学府三道街 36 号
印　　刷　哈尔滨市石桥印务有限公司
开　　本　720 毫米 ×1000 毫米　1/16
印　　张　12.25
字　　数　194 千
版　　次　2021 年 12 月第 1 版
印　　次　2021 年 12 月第 1 次印刷
书　　号　ISBN 978-7-5686-0743-8
定　　价　45.00 元

前　言

改革开放以来我国的经济增长主要依靠资本和劳动力等生产要素源源不断的投入实现，部分地区出现了生产要素配置效率低、能源消耗大、产能过剩及重复建设等问题。而这些问题的一部分是要素错配的表现。生产要素在企业和行业间的错配，阻碍了企业创新资源的获得，制约了产业价值链升级和软价值的提升，最终会阻碍我国经济的高质量发展。基于此，本书进行了要素再配置推动制造业高质量发展的机制研究。通过优化要素配置改善生产要素在企业和行业间的配置状况，提高要素配置效率，推动我国制造业高质量发展，进而推动我国经济高质量发展。

本书从微观企业、中观行业和宏观制造业三个角度对要素再配置和制造业高质量发展的内涵进行界定，并从三个维度对要素再配置和制造业高质量发展进行测算。

本书的微观指的是微观制造业企业，中观指的是二分位的制造业行业，宏观指的是省级层面的制造业整体。微观层面的要素再配置是指微观企业通过调整自身资本存量和劳动存量实现的要素配置存量调整；中观层面的要素再配置是指调整行业中用于新产品新技术研发的高质量资本要素和R&D人员等高质量劳动要素与一般资本要素和一般劳动要素投入比例的要素配置质量提升；宏观层面的要素再配置是指微观企业要素配置存量调整和中观行业要素配置质量提升的动态协同带来的制造业整体要素配置效率的增强。制造业高质量发展的内涵以创新、协调、绿色、开放、共享五大发展理念为基础，体现发展的动力转换、产业结构优化和发展效率提升三大特征，从微观企业的产品高质量发展、中观行业的产业价值链升级与软价值提升和宏观制造业整体生产力的高质量发展三个维度进行界定。微观层面的要素再配置和制造业高质量发展采用微观的规模以上工业企业数据进行测算；中观层面的要素再配置和制造业高质量发展采用二分位行业的规模以上工业企业数据进行测算；宏观层面的要素再配置和制造业高质量发展采用31个省、自治区、直辖市的规模以上工业企业数据进行测算。

要素再配置推动制造业高质量发展的机制研究亦从微观企业、中观行业和宏观制造业这三个维度展开。微观企业的要素配置存量调整与微观企业的产品高质量发展相对应；中观行业的要素配置质量提升与中观行业的产业价值链升级和软价值提升相对应；宏观制造业的要素配置效率增强与宏观制造业的生产力高质量发展相对应。微观企业的要素配置存量调整推动产品高质量发展的机制研究以微观的规模以上工业企业数据为基础；中观行业的要素配置质量提升推动产业价值链升级与软价值提升的机制研究以中观行业的规模以上工业企业数据为基础；宏观制造业的要素配置效率增强推动生产力高质量发展的机制研究以31个省、自治区、直辖市的规模以上工业企业数据为基础。

本书首先基于要素再配置和制造业高质量发展的内涵界定，讨论了要素再配置和制造业高质量发展的关系。其次从微观企业、中观行业和宏观制造业三个层面研究要素再配置对制造业高质量发展的作用机制。基于两部门内生增长模型理论解析微观企业的要素配置存量调整对产品高质量发展的作用机制，以规模以上工业企业微观数据为基础，运用Borgen(2016)的UQR回归方法对理论分析所得结论进行经验验证；通过构建包含要素价格扭曲的多行业竞争均衡模型深入解析中观行业的要素配置质量提升对产业价值链升级与软价值提升的内在影响，以投入产出表为基础构建行业间关系的权重矩阵，以制造业行业面板数据为基础，运用DSDM模型分析要素配置质量提升对产业价值链升级与软价值提升的行业间溢出效应；结合TFP指数测算与分解模型和两部门内生增长模型，解析要素配置存量调整和要素配置质量提升带来要素配置效率增强，并讨论了要素配置效率增强推动生产力高质量发展的理论机制，采用引力模型构建了基于地理区位和制度关联的综合权重矩阵，利用空间面板模型分析要素配置效率增强促进生产力高质量发展的空间异质性及空间溢出效应。最后，针对理论分析和实证检验所得结论提出相应对策建议。

得出如下具体结论。

第一,要素再配置是推动制造业高质量发展的有效途径。要素再配置分为微观企业的要素再配置、中观行业的要素再配置和宏观制造业的要素再配置。微观企业的要素再配置即为要素配置的存量调整,会促进微观企业的产品高质量发展;中观行业的要素再配置即为要素配置的质量提升,会促进产业价值链升级与软价值提升;宏观制造业的要素再配置指的是要素配置效率的增强,会推动制造业整体生产力的高质量发展。与此同时,微观企业的产品高质量发展要求微观企业进行要素配置存量调整,使之与其产品生产相适应。中观行业的产业价值链升级与软价值提升要求行业的要素配置质量提升与其相适应。宏观制造业的生产力高质量发展要求要素配置的高效率。

第二,在一个两部门内生增长模型中引入要素配置存量调整和产品高质量发展指标,通过理论解析要素配置存量调整推动产品高质量发展的作用机制发现,企业的资本配置存量调整和劳动配置存量调整均能够促进产品的高质量发展。在不同所有制、不同行业和不同地区的企业中,要素配置存量调整对产品高质量发展的影响均表现出强烈的异质性。

第三,要素在行业间的错配会严重阻碍技术进步,但在金融市场化程度不断提高和政府部门适当干预的情况下,要素错配现象会逐渐减少,要素配置质量会得到提升。要素配置质量的提升有利于产业价值链升级与软价值提升,这在实证分析中得到了验证。除此之外,通过实证研究还发现,资本配置质量提升对产业价值链升级与软价值提升的行业间溢出效应为负,而劳动配置质量提升对产业价值链升级与软价值提升的行业间溢出效应为正。

第四,要素配置存量调整和要素配置质量提升,通过动态协同作用带来要素配置效率增强。将 TFP 指数测算与分解模型和两部门内生增长模型结合,解析要素配置效率增强促进生产力高质量发展的内在机理。研究发现,全样本下,要素配置效率增强对生产力高质量发展具有显著的促进作用,但制度环境相似且距离相近地区的要素配置效率增强会抑制本地区生产力的高质量发展。分地区结果显示,东部地区的资本配置效率增强对生产力高质量发展的影响程度最大,中部地区次之,西部地区影响程度最小。劳动配置效率增强对生产力高质量发展的影响则是西部地区最大,中部地区居中,东部地区没有显著影响。东部地区劳动配置效率增强和中部地区资本配置效率增强对生产力高质量发展的影响不具有空间溢出效应。

第五,健全的产权保护制度是产品高质量发展的根本性保障。金融市场化改革、劳动力的自由流动是实现要素配置存量快速调整的前提。淘汰落后过剩产能,建立良好的行业退出机制,推进要素市场化改革,营造公平竞争的市场环境,有利于提升要素配置质量,促进产业价值链升级与软价值提升。激发各类市场活力,调动生产积极性,加强区域联动,可以提高要素配置效率。鼓励创新、容忍失败,让中小企业活跃并发展起来,是制造业高质量发展的重要保障。

本书的创新之处在于对要素再配置和制造业高质量发展的内涵进行界定,并构建指标体系,从微观企业、中观行业和宏观制造业整体三个维度分别对要素再配置和制造业高质量发展指标进行测算,进而研究要素再配置推动制造业高质量发展的作用机制。

本书首先对要素配置存量进行分解,从微观视角探究要素配置存量调整推动产品高质量发展的内在机理。将要素配置存量调整分解为资本配置存量调整和劳动配置存量调整,基于引入产品高质量发展指标的两部门内生增长模型,解析要素配置存量调整推动产品高质量发展的内在机理,针对质量差异较大的产品高质量发展指标,采用 Borgen(2016)的 UQR 分析方法进行验证,并分析其在不同所有制、不同行业和不同区域间的影响。其次对要素配置质量进行分解,理论解析要素配置质量提升促进产业价值链升级与软价值提升的内在机理,将要素配置质量分解为资本配置质量和劳动配置质量,基于多行业的竞争均衡模型,解析要素配置质量提升促进产业价值链升级与软价值提升的内在机理,基于投入产出表构建行业间关系权重矩阵,采用空间动态面板数据的 DSDM 模型分析要素配置质量提升对产业价值链升级与软价值提升的行业间溢出效应。最后将 TFP 指数测算与分解模型和两部门内生增长模型相结合,探究要素配置存量调整和要素配置质量提升带来要素配置效率增强的内在机理,并探讨要素配置效率增强对生产力高质量发展的内在作用机理,采用引力模型构建基于地理区位和制度关联的综合权重矩阵,利用空间面板模型分析要素配置效率增强促进生产力高质量发展的空间异质性及空间溢出效应。

目　录

第1章 绪论

1.1 研究背景及意义

1.1.1 研究背景

中国经济已由高速增长阶段转向高质量发展阶段。高质量发展的微观基础是更高质量的产品和服务,推动经济高质量发展对中国制造提出了更高的要求。2018年底召开的中央经济工作会议将"推动制造业高质量发展"放在经济工作主要任务的第一位,指出制造业是我国国民经济的主导产业。党的十九大报告也提出"加快建设制造强国,加快发展先进制造业"。由此可见,我国经济要实现高质量发展,必须要有高质量的制造业作为支撑。要想发展高质量制造业,必须以创新为引领,通过矫正要素配置扭曲,提高全要素生产率,扩大有效供给,提高供给结构对需求变化的适应性和灵活性,使我国制造业发展从数量增长过渡到质量提升。党的十九大报告关于建设现代化经济体系的论述中也强调,"必须坚持质量第一、效益优先,以供给侧结构性改革为主线,推动经济发展质量变革、效率变革、动力变革"。这些都表明我国通过供给侧结构性改革推进制造业转型升级的紧迫性。通过要素再配置和优化,调整经济结构,提升经济增长的数量和质量,实现我国制造业高质量发展。利用制造业高质量发展促进经济高质量发展,最终实现国民经济持续稳定发展和改革开放成果全民共享。尽管我国已经进入经济发展新阶段,但部分制造业企业的发展仍主要依靠要素投入和规模扩张,存在自主创新能力不强、全要素生产率还不是效率源泉主体的问题。

我国提出的"三去一降一补"的供给侧结构性改革,目的是解决部分企业产能过剩、库存增加及杠杆率高等问题。而这些问题的出现主要是因为要素配置扭曲导致了生产要素在企业间和行业间错配。事实上,我国制造业高质量发展存在两个问题:一是部分企业要素配置存量结构失调,二是部分企业要素配置质量不高。这导致部分制造业企业在发展过程中尽管生产要素(资本、劳动)投入较多,但配置效率不高,投入与产出并未有效匹配。区域要素配置的扭曲,阻碍了国民经济发展成果的"共享",制约了我国经济高质量发展。因此,在新时期下,如何改善要素错配,进行要素再配置,已成为困扰我国经济高质量发展的一个重大难题。在此背景下,有必要从微观企业、中观行业和宏观制造业整体对要素再配置与制造业高质量发展之间的内在关系进行详细思考和深入分析。

增强要素配置效率,能够促进制造业高质量发展。然而,要素配置效率本身是如何增强的,以及要素配置效率增强是如何作用于制造业高质量发展的仍有待研究。事实上,宏观制造业整体要素配置效率的增强来自于微观企业的要素再配置和中观行业的要素再配置两个方面。微观企业的要素再配置表现为要素配置存量调整,中观行业的要素再配置表现为要素配置质量提升。通过要素配置存量调整和要素配置质量提升的动态协同,宏观制造业整体的要素配置效率得到增强。

要素配置存量调整反映了要素在数量维度的再配置,主要通过金融市场化改革和劳动力的自由流动降低要素配置成本、缓解要素错配状况。要素配置质量提升代表了要素在质量维度的再配置,主要通过营造公平的市场环境和推进要素市场化改革,以及优化高质量资本要素和高质量劳动要素在生产要素中的比例实现。两者的动态协同构成要素再配置效率增强的内在动力。在要素配置存量调整与要素配置质量提升动态协同的基础上,增强要素配置效率,能够极大地提高我国制造业全要素生产率,减少制造业能源消耗,避免产能过剩、重复建设等问题出现。因此,探析要素配置存量调整、要素配置质量提升,以及由要素配置存量调整和要素配置质量提升的动态协同带来的要素配置效率增强对探究制造业高质量发展的内在机理具有重要意义。这也对理论工作者提出了新的学术要求、新的研究角度和新的前沿课题。

1.1.2 研究意义

当前我国经济发展面临较为严峻的形势。一方面,国外经济进入深度调整期,有效需求下降,再工业化和产业回流本土的进口替代效应增强,极大缩减了我国出口市场;另一方面,我国经济较为依赖基础要素投入,老龄化现象日益加重,人口红利逐渐消失,资源转换效率低下,创新驱动力明显不足。面对复杂的国内外环境,关键是要优化要素配置,提升全要素生产率,减少能源消耗,避免产能过剩及重复建设等问题,通过要素再配置推动我国制造业高质量发展,进而推动我国经济高质量发展。优化要素配置可以通过微观企业调整要素配置存量、中观行业提升要素配置质量和宏观制造业整体增强要素配置效率实现。因此,明晰要素配置存量调整、要素配置质量提升和要素配置效率增强推动制造业高质量发展的动态驱动机制,对优化我国资源配置环境、激发微观主体创新活力、推动制造业动力转换、攀升全球价值链有着至关重要的作用。

1.1.2.1 理论意义

(1)将生产要素配置存量调整细分为资本要素配置存量调整和劳动要素配置存量调整两个方面,将产品高质量发展指标引入两部门内生增长模型中,探究资本要素配置存量调整和劳动要素配置存量调整推动产品高质量发展的内在机理,有利于微观企业层面的高质量发展理论研究。

(2)将要素配置质量提升划分为资本要素配置质量提升和劳动要素配置质量提升两个维度,基于包含要素价格扭曲的多行业竞争均衡生产框架构建数理模型,解析要素配置质量提升对产业价值链升级与软价值提升的影响机理。这是对要素再配置推动中观层面产业价值链升级与软价值提升研究的有益探索。

(3)要素配置存量调整与要素配置质量提升的动态协同带来要素配置效率增强,结合 TFP 指数测算与分解模型和两部门内生增长模型解析要素配置效率增强促进生产力高质量发展的内在作用机理,有利于宏观制造业总体的高质量发展理论研究。

1.1.2.2　实践意义

（1）根据要素配置存量调整对微观企业产品高质量发展的影响机理，结合不同所有制、不同行业和不同区域的异质性，设计出通过调整要素配置存量推动产品高质量发展的政策机制，为相关部门推动本地微观企业产品高质量发展提供参考。

（2）根据要素配置质量提升对中观层面产业价值链升级与软价值提升的作用机理，检验要素配置质量提升对产业价值链升级与软价值提升的促进作用和行业间溢出效应，提出激发产业和行业创新活力的政策机制，为政府部门有效促进地区制造业产业价值链升级与软价值提升提供政策参考。

（3）分析要素配置效率增强推动生产力高质量发展的内在机理，为宏观层面制造业高质量发展政策的制定提供依据。

1.2　研究架构及创新之处

1.2.1　研究内容

本书以"要素再配置推动制造业高质量发展的机制研究"为主要研究对象。依次解析微观企业的要素配置存量调整对产品高质量发展、中观行业的要素配置质量提升对产业价值链升级与软价值提升和宏观制造业整体的要素配置效率增强对生产力高质量发展的作用机理，并对每一个机理进行实证检验，提出优化要素再配置促进我国制造业高质量发展的政策建议。

其中，要素配置存量调整反映了生产要素在数量维度的再配置，用以支撑微观企业的产品高质量发展。要素配置质量提升代表了生产要素在质量维度的再配置，用以支撑中观行业层面的产业价值链升级与软价值提升。微观企业的要素配置存量调整和中观行业的要素配置质量提升的动态协同增强了宏观制造业整体的要素配置效率。因此，要素配置存量调整和要素配置质量提升形成了要素再配置的内在动力，而要素配置效率增强则是保障制造业可持续高质量发展的内在要求。上述三个方面对制造业在微观、中观和宏观层面的支撑作用,保证了制造业高质量发展的实现。

本书研究的逻辑关系如图1-1所示。

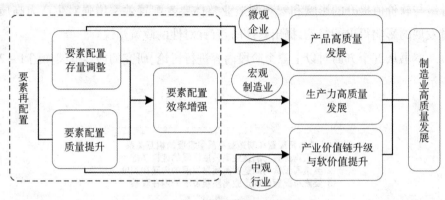

图1-1 研究的逻辑关系图

研究工作主要通过三个阶段完成。

第一阶段,在明确要素再配置和制造业高质量发展概念和内涵的基础上,从微观企业、中观行业和宏观制造业整体三个层面对要素再配置和制造业高质量发展进行测度,并探究要素再配置和制造业高质量发展的内在联系。

第二阶段,在第一阶段研究的基础上,分别从微观企业层面、中观行业层面和宏观制造业整体层面入手探究要素再配置对制造业高质量发展的作用机理,并运用实证模型对所得结论进行经验验证。首先,基于两部门内生增长模型,以规模以上工业企业微观数据为基础,针对差异较大的产品质量,使用 UQR 模型,分别选用全样本、分所有制样本、分行业样本和分地区样本分析要素配置存量调整对产品高质量发展的影响。其次,通过构建包含要素价格扭曲的多行业竞争均衡模型深入解析要素配置质量提升对产业价值链升级与软价值提升的内在影响。以投入产出表为基础构建行业间关系的权重矩阵,以制造业行业空间动态面板数据为基础,运用 DSDM 模型分析要素配置质量提升对产业价值链升级与软价值提升的行业间溢出效应。最后,将 TFP 指数测算与分解模型和两部门内生增长模型相结合,分析要素配置存量调整和要素配置质量提升如何增强要素配置效率,并解析了要素配置效率增强对生产力高质量发展的作用机制。以各省份的规模以上工业企业数据为基础,利用空间面板模型研究了要素配置效率增强促进生产力高质量发展的空间异质性及空间溢出效应。

第三阶段,在第一阶段和第二阶段研究的基础上,根据微观企业要素配置存量调整对产品高质量发展的影响、中观行业要素配置质量提升对产业价值链升级与软价值提升的影响和宏观制造业整体要素配置效率增强对生产力高质量发展的影响得出的结论,提出具体的、有针对性的政策建议。

本书从五个方面对以上三个阶段内容进行讨论,研究的内容框架如图1-2所示。

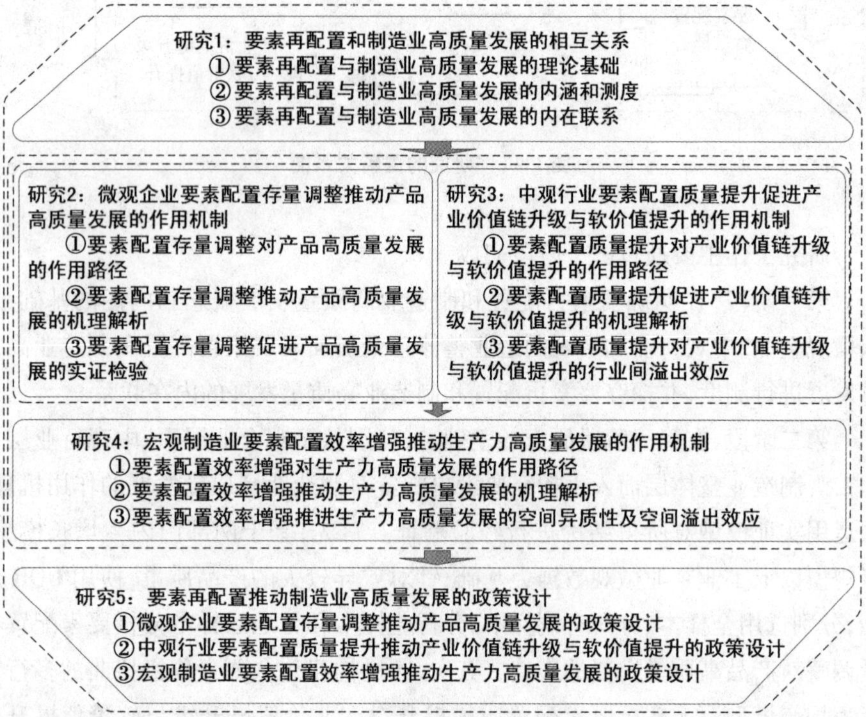

图1-2 研究的内容框架图

本书将分八章对以上五个方面的内容展开深入研究。具体的章节内容安排如下。

(1)第1章主要介绍"要素再配置推动制造业高质量发展的机制研究"的研究背景和意义、相关问题的研究现状、研究的主要内容和研究方法、本书的技术路线图和创新之处。

（2）第 2 章主要对当前关于制造业发展、要素错配和要素再配置等方面的相关研究进行文献跟踪梳理，并且对"要素再配置推动制造业高质量发展的机制研究"中涉及的相关基础理论进行梳理总结。

（3）第 3 章对"要素再配置"和"制造业高质量发展"的概念进行界定，在明确要素再配置与制造业高质量发展概念的基础上，对"要素再配置"和"制造业高质量发展"两个指标进行测度，并分析要素再配置和制造业高质量发展的内在联系。

（4）第 4 章从资本要素和劳动要素两大维度出发，运用两部门内生增长模型方法探究要素配置存量调整推动产品高质量发展的内在作用机理。构建 UQR 模型实证解析要素配置存量调整促进产品高质量发展在不同所有制、不同行业和不同区域的影响。

（5）第 5 章基于包含要素价格扭曲的多行业生产框架的竞争均衡理论模型解析要素配置质量提升促进产业价值链升级与软价值提升的作用机理。以投入产出表为基础构建行业间关系权重矩阵，运用 DSDM 模型分析要素配置质量提升对产业价值链升级与软价值提升的行业间溢出效应。

（6）第 6 章从要素配置存量调整和要素配置质量提升的动态协同出发解析要素配置效率增强的形成机理，将 TFP 指数测算与分解模型和两部门内生增长模型结合，解析要素配置效率增强推动生产力高质量发展的作用机理。构建空间 SDM 模型实证检验要素配置效率增强推动生产力高质量发展的空间异质性及空间溢出效应。

（7）第 7 章基于上述章节的理论与实证得出的结论，提出要素再配置推动制造业高质量发展的政策建议。

（8）第 8 章是本书的研究结论，以及本书研究的不足之处与展望。

1.2.2　研究方法

本书使用如下四种方法进行研究。

（1）文献分析法。通过查阅图书、国内外期刊、网络文献、报告文献、学位论文等，系统梳理制造业高质量发展的背景意义和典型特征，以及生产要素的发展和演变,深入全面地界定了要素再配置和制造业高质量发展的内涵。全面总结梳理国内外现行要素再配置和制造业高质量发展指标体系,发现现行指标体系的不足之处,构建更加系统、全面、完善的要素再配置和制造业高质量发展指标体系。

(2)统计分析法。根据要素再配置和制造业高质量发展内涵构建指标体系,对"要素再配置"和"制造业高质量发展"两个指标从微观企业、中观行业和宏观制造业整体三个层面进行统计测度。要素再配置从微观企业的要素配置存量调整、中观行业的要素配置质量提升和宏观制造业整体的要素配置效率增强三个层面测度;制造业高质量发展从微观企业产品高质量发展、中观行业产业价值链升级与软价值提升和宏观制造业整体生产力高质量发展三个维度测度。

(3)数理建模法。在两部门内生增长模型中引入产品高质量发展指标,通过 Hamilton 一般均衡分析,解析要素配置存量调整推动产品高质量发展的内在作用机理。基于包含要素价格扭曲的多行业生产框架的竞争均衡模型,解析要素配置质量提升促进产业价值链升级与软价值提升的内在机理。将 TFP 指数测算与分解模型和两部门内生增长模型结合,解析微观企业的要素配置存量调整和中观行业的要素配置质量提升增强宏观制造业整体的要素配置效率,并解析要素配置效率增强推动生产力高质量发展的内在作用机理。

(4)规范分析与实证研究。上述的数理模型只能从理论角度解析要素配置存量调整推动产品高质量发展、要素配置质量提升促进产业价值链升级与软价值提升,以及要素配置效率增强推动生产力高质量发展的作用机理,并不能细致解析不同变量的实际影响效应。于是本书使用规范分析和实证研究的方法进行进一步的深入探究。构建无条件分位数回归模型(UQR)探究要素配置存量调整推动产品高质量发展在不同所有制企业、不同行业和不同区域的影响;构建空间动态面板数据模型(DSDM)探究要素配置质量提升促进产业价值链升级与软价值提升的行业间溢出效应;构建空间杜宾双向固定效应模型(SDM)探究要素配置效率增强推动生产力高质量发展的空间异质性及空间溢出效应。

1.2.3　技术路线图

本书依据产业经济学、新经济地理学和技术创新的相关理论,以要素再配置与制造业高质量发展的内在联系为主线,借鉴已有研究成果,综合运用一般均衡理论、统计学理论、空间计量经济学理论等基本理论和方法,深入挖掘要素再配置和制造业高质量发展的内涵。要素再配置的内涵从微观企业层面的要素配置存量调整、中观行业层面的要素配置质量提升和宏观制造业整体层面的要素配置效率增强三个层面进行界定;制造业高质量发展的内涵从微观企业的产品高质量发展、中观行业的产业价值链升级与软价值提升和宏观制造业整体的生产力高质量发展三个层面进行界定。在要素再配置和制造业高质量发展内涵界定的基础上,设计了可行的测度指标体系。而后,通过三个机制分析,研究了要素再配置对制造业高质量发展的影响机理,并通过实证模型对机理分析所得结论进行经验验证。最后是政策建议和结论。本书研究的总路线示意图如图1-3所示。

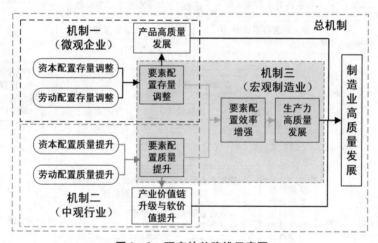

图1-3 研究的总路线示意图

本书的研究围绕三个机制展开。机制一从微观企业层面研究要素再配置对制造业高质量发展的影响;机制二从中观行业层面探究要素再配置对制造业高质量发展的影响;机制三从宏观制造业整体层面研究要素再配置对制造业高质量发展的影响。

为实现本书的研究目标,采用如图1-4所示的技术路线。

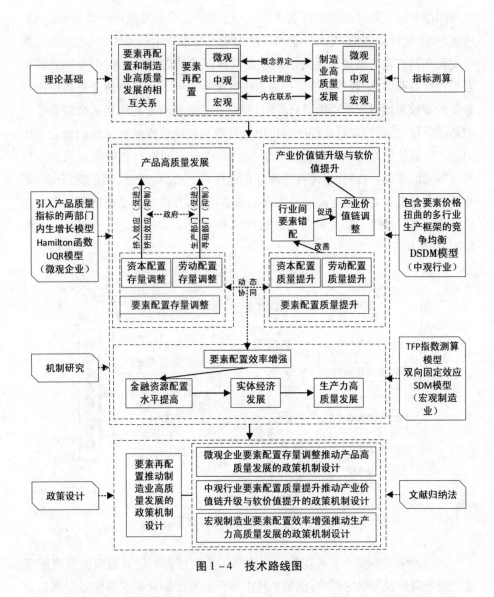

图 1 - 4　技术路线图

第一部分为本书研究的理论基础。通过文献梳理的形式,阐释要素再配置和制造业高质量发展的理论依据,以及要素再配置和制造业高质量发展的内涵。依据内涵,设计要素再配置和制造业高质量发展的指标体系。通过探讨要素再配置和制造业高质量发展之间的内在关联,为后文的要素再配置推动制造业高质量发展的机制研究打下坚实基础。

第二部分为机制研究。分为微观企业、中观行业和宏观制造业整体三个层次,分别从作用路径、机理解析和实证研究三个方面展开分析。

第一阶段分析微观企业的要素配置存量调整推动产品高质量发展的作用机制。首先,将要素配置存量调整分解为资本配置存量调整和劳动配置存量调整。资本配置存量调整的挤入效应促进产品高质量发展,挤出效应抑制产品高质量发展;劳动配置存量调整中,人力资本进入生产部门会促进产品高质量发展,人力资本进入寻租部门则阻碍产品高质量发展。政府部门通过适当干预,发挥资本配置存量调整的挤入效应,促使人力资本进入生产部门,实现产品高质量发展。其次,通过引入产品高质量发展指标的两部门内生增长模型理论解析要素配置存量调整推动产品高质量发展的内在机理。最后从实证分析角度研究要素配置存量调整推动产品高质量发展的作用效应。

第二阶段分析中观行业的要素配置质量提升促进产业价值链升级与软价值提升的作用机制。首先,分析要素配置质量提升对产业价值链升级与软价值提升的作用路径。要素配置质量提升通过改善行业间要素配置情况,实现产业价值链调整,再通过产业价值链调整实现产业价值链升级与软价值提升。其次通过构建包含要素价格扭曲的多行业生产框架的竞争均衡模型,解析要素配置质量提升促进产业价值链升级与软价值提升的内在机理。最后从实证分析角度研究要素配置质量提升促进产业价值链升级与软价值提升的作用效应。

第三阶段分析宏观制造业整体要素配置效率增强推动生产力高质量发展的作用机制。由第一阶段要素配置存量调整和第二阶段要素配置质量提升的动态协同带来了第三阶段要素配置效率的增强。在第三阶段,首先分析要素配置效率增强对生产力高质量发展的作用路径。要素配置效率增强通过提高金融资源配置水平促进实体经济发展,进而促进制造业整体的生产力高质量发展。其次通过将 TFP 指数测算与分解模型和两部门内生增长模型结合,分析要素配置效率增强促进生产力高质量发展的内在机理。最后从实证分析角度研究要素配置效率增强促进生产力高质量发展的作用效应。

第三部分是政策机制设计。根据第二部分三个阶段的实证分析结果,总结我国要素再配置推动制造业高质量发展中存在的问题。分别从微观企业层面要素配置存量调整推动产品高质量发展、中观行业层面要素配置质量提升推动产业价值链升级与软价值提升,以及宏观制造业整体层面要素配置效率增强推动生产力高质量发展三个方面提出政策建议。

1.2.4　主要创新之处

本书可能的创新之处在于研究要素再配置推动制造业高质量发展的机制时,对要素再配置和制造业高质量发展从微观企业、中观行业和宏观制造业整体三个层面进行内涵界定和指标测算,并分析了微观企业层面的要素再配置(要素配置存量调整)对产品高质量发展的影响机制、中观行业层面的要素再配置(要素配置质量提升)对产业价值链升级与软价值提升的影响机制,以及宏观制造业整体层面的要素再配置(要素配置效率增强)对生产力高质量发展的作用机制。主要体现在以下几个方面。

(1)对要素配置存量进行分解,从微观企业视角探究要素配置存量调整推动产品高质量发展的内在作用机理。现有要素配置的相关研究大多关注单一要素或全要素的配置现状与成因,本书基于微观企业产品高质量发展目标,从改善错配的视角深入考察生产要素在企业层面的再配置对产品高质量发展的影响。将要素配置存量调整分解为资本配置存量调整和劳动配置存量调整,基于引入产品高质量发展指标的两部门内生增长模型,解析要素配置存量调整推动产品高质量发展的内在机理,针对差异较大的微观企业产品高质量发展指标,使用 Borgen(2016)的 UQR 方法对理论分析所得结论进行验证,并分析其在不同所有制企业、不同行业和不同区域影响的异质性。

(2)对要素配置质量进行分解,从中观行业层面理论解析要素配置质量提升促进产业价值链升级与软价值提升的内在机理。将要素配置质量分解为资本配置质量和劳动配置质量,基于多行业的竞争均衡模型,解析要素配置质量提升促进产业价值链升级与软价值提升的内在机理。基于投入产出表构建行业间关系权重矩阵,运用空间动态面板数据 DSDM 模型分析要素配置质量提升对产业价值链升级与软价值提升的促进作用及行业间溢出效应。

(3)将 TFP 指数测算与分解模型和两部门内生增长模型相结合,从宏观制造业整体层面探究要素配置存量调整和要素配置质量提升带来要素配置效率增强的内在机理,并探讨要素配置效率增强推动生产力高质量发展的内在作用机理。采用引力模型构建基于地理区位和制度关联的综合权重矩阵,利用空间面板 SDM 模型分析要素配置效率增强促进生产力高质量发展的空间异质性及空间溢出效应。

第2章 文献综述与理论基础

2.1 文献综述

本书研究要素再配置推动制造业高质量发展的作用机制。依次解析微观企业要素配置存量调整对产品高质量发展的影响机理、中观行业要素配置质量提升对产业价值链升级与软价值提升的作用机理和宏观制造业整体要素配置效率增强对生产力高质量发展的作用机理,以期从微观、中观和宏观三个层面提出促进我国制造业高质量发展的政策建议。因此,相关研究与现状分析评述从制造业发展、要素配置、要素配置与制造业发展的关系三大方面展开。

2.1.1 制造业发展研究

2.1.1.1 制造业发展现状

现有关于制造业发展现状的研究主要体现在取得的成就、面临的困境及应对措施三个方面。改革开放四十多年,我国制造业取得了巨大成就。我国也跃升成为世界第一制造大国,创新能力持续增强,制成品出口全球居首,吸引外资居世界前列,世界级大企业不断涌现(李平、李晓华,2015)。我国虽是制造业大国,但在发展过程中不可避免会出现产业结构失调、科学创新及高端制造业能力不足等问题。供需错配带来了产业供给结构失衡、价值链分工固化等问题,我国制造业全要素生产率增速出现较明显的放缓态势（江飞涛、武鹏、李晓萍，2014；蔡昉、王德文、曲玥，2009；王洪涛、陆铭，2020）。自 20 世纪 90 年代中期以来，在美国生产率增速显著加快的同时，欧盟国家的生产率增速出现了放缓趋势，主要是因为欧盟制造业部门 TFP 增速下降和信息通信技术投资收益不佳（Timmer et al. ，2011）。主要发达国家均认识到制造业对本国的重要性，并纷纷制定和出台了提升制造业发展水平的中长期计划，如德国的"工业 4.0"，美国的"再工业化"和"制造业回归"，英国的"工业 2050"等（朱高峰、王迪，2017；余菲菲、高霞，2018）。我国同样面临着制造业转型升级的问题，所以我国政府和企业要充分学习发达工业国家工业化过程中的普遍制度、政策安排和共性创新实践，构建并不断提升自身独特的制造业核心能力（黄群慧、贺俊，2015）。

近年来，诸多学者从不同视角对我国制造业发展现状进行了实证分析。一是从空间视角出发，分析我国制造业的空间布局和效应。刘明和王思文（2018）基于 Barro 和 Sala-I-Martin 的思想构建了包含空间因素的两组收敛模型以考察中国制造业的收敛性。张虎、韩爱华和杨青龙（2017）从产业空间分布的产业地理集中与产业集聚角度测度了制造业与生产性服务业协同集聚指数。胡安俊和孙久文（2014）借助产业转移理论模型，提出了"核心区产业能否转移""以什么空间模式转移"等假说，并利用中国地级行政单元的三位数制造业数据对上述假说进行了检验。二是从国际视角出发，将我国制造业与国际制造业对比。赵玉林和谷军健（2018）首次采用全要素生产率、全球价值链经济地位与增加值视角下的技术复杂度测度和比较中国与美国制造业发展质量。贺正楚、曹德和吴艳（2018）采用典型相关分析模型探讨了制造业发展质量和国际竞争力系统之间、系统内部互动的影响因子及影响程度。程凯和杨逢珉（2020）采用中国微观企业数据进行实证分析，认为进口中间品质量升级对制造业全球价值链地位存在正负两方面的影响，但总体表现为促进作用。

2.1.1.2 制造业转型升级路径

制造业转型升级路径被众多学者所关注。但由于研究视角不同，学者们并没有形成统一的认识。现有制造业转型升级的路径主要包括三个方面。一是以传统制造业为基础。制造业产业升级应该是指企业从生产低价值产品（劳动密集型产品）向生产高价值产品（资本或技术密集型产品）转变的过程（Poon，

2004）。在转变过程中,应该巩固传统制造业的竞争优势,充分利用基础设施与产业配套方面的优势,降低交易成本,通过承接、发展劳动密集型制造业与传统服务业来推进(周燕、佟家栋,2012)。制造业与技术密集型产业的融合,赋予传统制造业新的成长驱动力(陶长琪、周璇,2015;张龙鹏、张双志,2020)。二是完备产业链。国家价值链(NVC)是我国制造业转型升级的突破口,是在其与全球价值链(GVC)交互影响下实现制造业转型升级并获取核心竞争力的必由路径(Currie and Kerrin,2003)。我国在全球产业链布局中的现实地位及进一步发展基本上是"依托低端,挺进中端,遥望高端"。以我国制造业产业的中间品贸易特征来定位产业链国际化布局的区位布局,有利于我国制造业转型升级(戴翔,2015;徐坡岭、那振芳,2018)。三是通过科技创新。创新是驱动我国制造业发展的主要动力,是行业转型升级的根本出路。需尽快实现由依靠自然资源投入的粗放式发展道路转向依靠科技创新和技术进步,以提高效率为主要动力,注重节约资源、环境保护的集约化发展轨道(李廉水、程中华、刘军,2015)。战略性新兴产业的高端化发展关系到经济发展方式的转变,是推动产业转型与升级的主导力量。互联网等产业的兴起,为我国制造业提质增效、创新驱动发展提供了崭新途径,加速推动我国从制造业大国向制造业强国转型升级(王可、李连燕,2018)。

2.1.1.3 制造业发展趋势

制造业服务化是我国制造业发展趋势之一,对我国制造业转型升级具有重要意义。产品和服务可被视为是沿着一个从有形产品主导到无形服务主导的连续性序列,制造业的价值创造从"有形产品"朝"无形服务"的方向发展(Chase and Garvin,1989)。制造业服务化已成为全球趋势,服务创造的价值随着制造业服务化程度的提高呈上升趋势,并逐步超过产品所创造的价值(刘斌、魏倩、吕越等,2016)。针对制造业服务化的模式、途径和影响因素,学界主要在建立理论模型的基础上展开讨论,如 Hobo、Watanabe、Chen(2006)提出零售商、制造商和消费者之间的双螺旋轨迹模型对制造业服务化的发展有激发和促进作用。简兆权和伍卓深(2011)选取价值链为研究对象,基于微笑曲线理论,对制造业如何实现服务化进行了探讨。吴贵生和蔺雷(2011)通过问卷调查对质量弥补及服务差异化竞争与绩效的关系进行了实证分析,指出国内制造业服务增强存在的问题。鲁桂华、蔺雷和吴贵生(2005)通过构建完全信息动态博弈模型研究了制造业服务化这一现象,认为实施服务延伸实体产品差异化的竞争战略必然导致服务增强的结果。

　　智能制造也是我国制造业转型升级的趋势。目前国外智能制造研究已经较为成熟,如 Gilchrist(2016)认为工业 4.0 具有智能生产系统的纵向整合、全球价值链网络的横向整合、涉及产品生命周期的管理及制造业的加速发展四个显著特征。工业 4.0 产生的影响极为广泛,特别是可以增强中小企业的业务竞争力和生产率,优化制造流程并提供更好的客户服务等。制造业数字化革命可以使企业更好适应市场的转变,减少风险和错误,增加企业的竞争力(Marques et al.,2017)。而互联网、大数据、物联网及人工智能等新兴数字化技术已经发展成为推动企业战略变革和创新的核心动力,不仅改变了企业的组织惯例和组织结构,还促进了企业产品和商业模式的创新(Nambisan et al.,2017)。国内学者大都是在借鉴国外先进经验的基础上针对智能制造的模式、发展路径和影响因素展开相应研究。吕文晶、陈劲和刘进(2019)基于海尔集团智能制造 COSMO 平台的探索性案例研究,结合技术平台相关理论,深度剖析了中国企业的智能制造实施模式与企业平台建设过程和治理体系。孟炯和郭春霞(2017)基于传统集中智能制造参照模式提出了全价值链整体解决方案下的 3D 打印分布式智能制造创新模式。Li 等(2017)基于人工智能技术与信息通信技术、制造技术及产品有关专业技术,研究提出了智能制造新模式、新手段、新业态,智能制造系统体系架构和智能制造系统技术体系。

　　通过文献梳理可以发现,现有研究在制造业的发展现状、转型升级路径及趋势分析方面较为成熟,也逐步倾向关注制造业的发展质量,但是这些研究多从宏观和中观视角描述制造业的发展,缺乏微观(要素配置)视角下对制造业发展的理论探析。

2.1.2　要素配置研究

2.1.2.1　要素配置效率

　　关于要素配置效率的概念,学界主要从要素的分配和整合的角度展开研究。因为要素具有稀缺性,所以人们必须通过选择按照一定的规则或机制分配资源,这种要素的分配过程称为要素配置(王蓓、陆大道,2011)。杨振(2014)认为,资源配置效率体现为资源配置效果的有效性,在改善资源配置中具有决定作用,决定着资源配置是否合理,资源配置效率的改善表现为特定技术水平下要素投入结构转换及要素的高效率流动带来的产出增长。

近年来,越来越多的学者开始关注要素配置效率的影响因素。Restuccia 和 Rogerson(2017)认为要素市场扭曲抑制了要素配置效率,进而对要素生产率产生负面影响。徐晔和张秋燕(2009)认为,技术效率指数和技术变化指数是影响我国高技术行业资源配置 Malmquist 指数的主要因素,不同行业技术效率指数和技术变化指数的影响不同。齐亚伟和陶长琪(2014)考虑了环境的约束,利用 GWR 模型分析了物质资本集聚、人力资本集聚、能源足迹强度和环境规制水平等要素效率。王强、王健和车维汉(2015)从适宜制度理论验证了一国的制度偏离显著降低了要素配置效率。李蕾蕾和盛丹(2018)利用地方环境立法的设定作为准自然实验,运用倍差法考察环境立法对行业资源配置的影响。李艳和杨汝岱(2018)研究了地方国有企业依赖与资源配置效率改善的关系,发现地方国企依赖与资源配置效率改善之间存在显著的负相关。

基于对影响因素的探讨,学者们提出了不同方面的要素配置效率测度方法。一是测度理论角度。Du 等(2014)利用 DEA 交叉效率迭代方法,探讨如何通过有效的资源分配来实现资源利用效率最大化;Marden 和 Roughgarden(2014)通过引入一类简单的资源分配问题,探讨了对 Shapley 价值实用设计的纯纳什均衡和粗略相关均衡效率之间的关系,并得到其显式关系。二是产业角度。成力为、孙玮和王九云(2011)从"技术最优"和"成本最小"两个维度构建创新效率指标,利用三阶段 DEA-Windows 方法测度四位码高技术产业内,外资部门的相对效率差异;孟卫东和孙广绪(2014)采用 Malmquist 指数法测度了2000—2011 年中国高技术产业各行业的资源配置效率;范德成和杜明月(2018)测度了我国高端装备制造业技术创新资源配置的整体和阶段效率在子行业间存在不同程度的波动和差异,发现技术研发阶段效率偏低制约着整体效率的最优化。三是区域角度。范斐、杜德斌和李恒(2012)根据科技资源配置效率的内涵和结构,构建区域科技资源配置效率评价指标体系,采用 NRCA 模型计算各区域科技资源配置效率的比较优势;李言、高波和雷红(2018)则从区域角度,分东部、中部和西部三大地区对中国改革开放以来的要素配置效率变迁进行测度和分析。

2.1.2.2　要素错配

要素配置效率直接关系到全要素生产率的提升,然而在经济高质量发展的背景下,越来越多的学者指出了当前我国存在要素错配、结构性失衡和产能过剩等问题,导致了全要素生产率的下降(Aoki,2012)。"要素错配"是相对于"有效配置"而言的。"有效配置"是指在有限资源额度下获得最大产出的配置状态,对于这种最优配置效率的偏离即为"要素错配"。目前,对于要素错配的界定存在两种主流方法。其一,以发达国家或地区为基准,当不发达国家或地区经济水平或生产效率相对前者产生偏离,即认为形成错配;其二,以地区政策、制度和产业结构作为对象,当要素价格扭曲造成经济效率损失时,即为错配(Hsieh and Klenow,2009;Restuccia and Rogerson,2013)。对于这两种不同条件设置下的资源错配定义,陈永伟和胡伟民(2011)给予其"内涵型错配"和"外延型错配"的名称界定。

要素错配可能的成因有很多,现有研究主要集中于以下四个方面。一是扭曲的劳动力市场(Micco 和 Repetto,2012)。二是扭曲的金融市场。金融摩擦会导致现有企业单位之间的资本配置扭曲,且外延型错配与内涵型错配都有着很大影响(Moll,2014;徐晔、宋晓薇,2016;简泽等,2018)。三是不合理的政策。针对制度性因素与资源错配的研究大多集中在税收、信贷约束、产业政策等造成资源错配的特定政策或制度上。在这类研究中,关于政府的制度和政策安排是导致资源错配的主要原因(韩剑、郑秋玲,2014;吴仁水、董秀良、钟山,2019)。四是信息不对称(David, Hopenhayn and Venkateswaran,2016;Fuchs, Green and Papanikolaou,2016)。由于有关行业生产率水平及分布等的相关信息不对称的存在,潜在的异质性企业在进入市场前需要进行收集并且预先支付费用,这种费用的支出成为企业后期需要做经营战略调整时所必须考虑的沉没成本。这将影响企业的进入和退出决策,阻碍资源的有效流动,产生资源错配。

关于要素错配的研究,学界已有了大量丰富的成果,但由于研究视角的不同,对于要素错配的测度方法并没有统一。Restuccia 和 Rogerson(2013)将要素错配的测度方法分为直接测度方法和间接测度方法。直接测度指对要素投入的扭曲测度,而这种扭曲一般与产业结构、政策和制度相关联,并定义为单位资本、劳动及中间产品获得补贴或被征税而导致的要素边际产出的不对等程度。采用直接测度方法的文献较多。Aoki(2012)假定资本和劳动存在线性税收,以此构建要素摩擦系数衡量扭曲程度。杨振和陈甫军(2013)在资源配置扭曲程度的测算中同时考虑要素的边际产出和要素的边际成本,并将要素带来的边际净收益定义为产出缺口,也将其作为福利损失的计量。杨志才和柏培文(2017)通过构建二元经济模型,测算了全国各省份劳动力、资本错配程度和要素错配造成的产出缺口。也有部分学者考虑到要素投入质量的异质性,从非同质的角度重新测算了资本和劳动的错配情况(刘贯春、张晓云、邓光耀,2017)。间接测度指对各种扭曲因素导致的结果进行测度,一般用实际 TFP 或 GDP 与最优状态下的 TFP 或 GDP 的差异衡量。Hsieh 和 Klenow(2009)在垄断竞争模型的框架下,利用 TFP 的离散程度衡量劳动力、资本的错配程度。Brandt、Van Biese-broeck 和 Zhang(2012)又在上述研究的基础上,突破单一部门的限制,用资源最优配置状态下(总产出最大)的 TFP 与实际 TFP 的差异测度要素错配程度。聂辉华和贾瑞雪(2011)分别从行业、地区和所有制层面,利用 TFP 离散度和 TFP 的 OP 分解方法测度了制造业要素配置扭曲程度。

通过文献梳理可以发现,国内外对于要素配置效率和要素错配的相关研究已有丰硕成果,但鲜有研究从存量与结构细分的角度,深入分析要素的错配和要素的再配置,基于此提出要素优化配置策略的研究也并不多见。

2.1.3 要素配置与制造业发展研究

2.1.3.1 要素配置与制造业企业成长

从要素配置的整体情况看,要素配置会直接影响制造业企业的创新投入、产出,以及生产效率,进而影响制造业企业的成长。要素市场的扭曲会抑制企业 R&D 的投入,扭曲程度越大,抑制效应也越大(张杰、周晓艳、李勇,2011)。资本品市场的扭曲税降低了资本配置效率,抑制了制造业总产出的增长(陈彦斌、马啸、刘哲希,2015)。投入要素质量也会影响生产率的发展(李雪冬、江可申、夏海力,2018)。从要素配置的现状看,不同要素配置情况对制造业企业会产生不同的影响。人力资本市场化配置失灵引发的人力资本错配,会导致经济创新动力不足,阻碍经济快速增长(李静、楠玉、刘霞辉,2017)。金融资本错配会引起资本、劳动和产出的配置与企业间全要素生产率分布的偏离,造成总量层面的全要素生产率损失。技术资本和知识资本的均衡配置有利于企业成长,技术资本对企业成长的贡献大于知识资本的贡献(王京、罗福凯,2017)。知识资本也可以提高企业技术创新效率和创新效果,促进企业技术生成和商业化能力的提高(Zahra and Nielsen,2002)。

此外,要素错配还会诱发企业寻租行为,进一步加剧要素错配程度,进而对制造业企业成长产生抑制效应。首先,由于企业异质性和地方保护机制的存在,要素市场扭曲抑制了要素在地区和企业间的自由流动,削弱了市场机制对要素的优化配置功能,导致要素价格信号失真,造成资金和劳动力等要素使用的低效率(罗德明、李晔、史晋川,2012)。其次,这种要素扭曲情况导致部分企业通过与政府建立某种寻租联系就能够以较低成本获得生产过程中稀缺的要素(包括减免税收和补贴等),从而获得超额利润或寻租收益(Acemoglu and Guerrieri,2008)。而寻租活动带来的额外收益也可能会抑制关联企业通过创新活动或者提高创新效率获得利润的动机,从而阻碍企业创新效率提升,抑制企业成长(Boldrin and Levine,2004)。

2.1.3.2　要素配置与制造业增长

一方面,要素配置效率不仅影响着微观企业的成长,对制造业增长也有着不可忽视的作用。从行业间和行业内的视角来看,要素配置情况始终影响着制造业的产出效率。韩剑和郑秋玲(2014)研究发现,行业间要素错配程度呈缓慢上升趋势,且行业内和行业间错配分别造成了实际产出和潜在产出 30.25% 和 4.72% 的损失。佟家栋和陈霄(2019)基于行业间和行业内要素配置扭曲分解的视角得出结论,要素配置扭曲在行业间与行业内具有相似特征,且行业间的要素配置扭曲与制造业增长存在反向变动关系。Huang(2010)从知识资本和技术资本的视角分析了信息、专利和数据等要素的存量效应和质量改善效应对制造业行业发展的影响。Restuccia 和 Rogerson(2013),以及金晓雨(2018)基于政府补贴视角分析了政策扭曲带来的资源配置低效率对制造业生产率的影响。从细分行业要素配置情况来看,在行业异质性条件下,不同行业面临的要素错配情况不尽相同,要素配置方式也有其灵活性。王卫和綦良群(2018)利用中国2000—2016年装备制造业细分行业的分地区面板数据得出,要素错配、技术进步偏向与全要素生产率增长率存在行业异质性。戴魁早和刘友金(2016)通过分析中国高技术产业中要素市场扭曲对创新效率的影响发现,中国高技术产业中,要素市场扭曲显著抑制了企业或产业创新效率的提高,但这种抑制效应是存在边际贡献递减的。岳书敬(2011)通过研究发现,高技术行业内中国工业资本的流向是有效的,但资本流入增速相对其他行业要小。邵云飞、詹坤、汪腊梅(2016)发现纯技术创新效率不高是中国医药产业整体创新效率滞后的原因。

另一方面,从竞争引致创新的角度来看,要素配置的低效率不仅抑制了企业内研发投入,阻碍制造业创新价值链升级,而且通过企业间要素配置国有偏向,阻碍了制造业全球价值链的攀升。首先,各地行政机构将更多资源优先配置给国有企业往往成为地方政府通行的竞争策略,这直接导致了制造业价值链升级困难,发展速度放缓。而由此引发的行业垄断导致竞争不足,创新强度下降,如此"低环"嵌入全球价值链致使我国制造业国际竞争力日益下降(谢攀、林致远,2016)。其次,要素配置的低效率削弱了制造业出口贸易对生产率的积极作用,降低了本土制造业企业的学习效应,从而出现出口生产率悖论现象,对制造业全球价值链的攀升有显著负向影响(Lu, Lu and Tao,2010)。

2.1.3.3 要素配置与制造业结构升级

国内外学者对要素配置与制造业结构升级的研究有两种观点。一是要素禀赋影响制造业结构。一个地区的要素禀赋会决定该地区产业结构的形成,不同发展阶段的国家或地区,其要素禀赋(包括自然资源、劳动、资本和基础设施等)结构的地区差异导致了制造业结构的不同(林毅夫,2010;Soo,2005)。二是要素的产业间流动导致制造业产业结构变迁。Acemoglu 和 Guerrieri(2008)通过构建包含劳动密集型产业和资本密集型产业的两部门一般均衡模型,分析发现资本积累增加了资本密集型产业的相对产出,但也导致资本和劳动从资本密集型部门流向劳动密集型部门,从而导致制造业结构变迁。Lin(2009)的研究也认为,要素流动对产业结构升级有重要影响,生产要素总是流向增长快的部门,各产业的增长速度和规模会影响生产要素在产业间的流动方向和流量,从而决定产业结构。

也有学者从要素异质性出发,研究了不同类型要素的配置情况对制造业结构升级的影响。首先,作为人力资本的生产要素虽然在数量上达到足够规模,但在质量上(尤其在专业化程度上)同技术密集型产业并不匹配,因而引起摩擦并带来要素配置的低效率,最终给制造业转型升级造成困难(李静、楠玉、刘霞辉,2017)。其次,金融通过资本导向效应带动其他经济要素作用于不同产业部门,采用"数量型"和"价格型"两种不同配置方式对制造业产业结构升级产生影响(刘悦、郑玉航、廖高可,2016)。此外,随着计算机和人工智能技术的发展,在制造业市场上许多行业中出现了机器替代劳动者的情况,造成国内多数产品在国际贸易中处于劣势,技术或知识资本配置对制造业结构升级的影响也越来越显著,制造业结构调整动力正从要素驱动转向创新驱动(陶长琪、彭永樟,2018)。以上分析说明,人力资本、金融资本和知识资本等要素影响制造业结构升级的路径和效果存在不同程度的差别,其配置效率是制造业结构升级过程中不可忽视的一部分。

通过文献梳理可以发现,目前学者分别从制造业企业、制造业发展和制造业结构升级三个层面进行了深入分析,对要素配置与制造业发展的相关研究已经日趋完善。但已有研究在探究要素再配置如何促进制造业高质量发展方面尚显不足。

2.1.4 文献评述

通过对国内外文献梳理可见,学术界普遍认为要素配置效率的提升能够促进制造业高质量发展。同时,通过对我国制造业发展的现状、转型路径和发展趋势进行分析,发现要素配置效率扭曲导致的全要素生产率不高,是我国制造业难以高质量发展的重要原因。关于要素配置效率,现有研究主要集中在对要素配置效率的概念、影响因素和测算方法的研究。而对于要素配置效率与全要素生产率关系的内在机理研究,当前文献一般从市场、政策等角度出发,认为是要素市场的扭曲和制度偏离抑制了要素配置效率,进而对全要素生产率产生负面影响。所以,在一定程度上,要素配置效率与制造业高质量发展之间存在一定的关系,国内不少学者也对这两者之间的关系从理论和实证上做出了一定分析。以上这些都为本书的研究奠定了深厚的理论基础。但是,要素配置效率是如何通过要素再配置得到提升的？在微观企业、中观行业和宏观制造业整体三个层面要素再配置又是如何推动制造业高质量发展的？目前学界对上述问题的思考尚显不足。而这些问题又是解释当前我国部分企业巨量的要素投入与要素配置效率低、全要素生产率不高这种低效产出不匹配现象的关键。鉴于此，从微观、中观和宏观三个层面探究要素再配置对制造业高质量发展的作用机制，成为本书的研究方向。

本书从要素配置效率影响制造业发展的现状切入，对要素再配置与制造业高质量发展的关系进行分析。通过从微观企业要素配置存量调整、中观行业要素配置质量提升和宏观制造业整体要素配置效率增强三个维度对要素再配置进行测度，从微观企业产品高质量发展、中观行业产业价值链升级与软价值提升和宏观制造业整体生产力高质量发展三个层面对制造业高质量发展进行测度，明晰微观企业、中观行业和宏观制造业整体三个层面的要素再配置对制造业高质量发展的影响。同时，对微观企业要素配置存量调整如何影响产品高质量发展、中观行业要素配置质量提升如何影响产业价值链升级与软价值提升和宏观制造业整体要素配置效率增强如何影响制造业生产力高质量发展的内在机理进行详细解析，以明晰要素再配置对制造业高质量发展的内在作用机理，探析要素再配置推动制造业高质量发展的实现路径。

2.2 理论基础

2.2.1 要素再配置的相关理论

近年来，要素错配问题备受关注，要素错配所导致的制造业生产效率损失严重影响我国的资源配置效率和我国的经济高质量发展。纠正要素错配，需要对要素进行再配置。本节将介绍的"看不见的手"理论、帕累托最优理论，以及外部性理论将为研究"要素再配置推动制造业高质量发展的机制研究"提供理论基础（魏丹，2011；刘玲利，2007；斯奈德、尼科尔森，2015）。

2.2.1.1 古典经济学的"看不见的手"理论

古典学派是最早研究资源配置问题的经济学派，其代表人物亚当·斯密在

1776 年出版的《国富论》中论述了"看不见的手"理论。他认为经济必须自由,
国家不用干预。如果国家不加干涉,让各人在不违反正义的法律前提下为追逐
自己的利益而公平竞争,往往能更有效地促进社会利益。因为每个人都努力把
他的资本尽可能用来支持使其生产物的价值能达到最高程度的产业,这必然竭
力使社会的年收入尽量增大起来。尽管他不打算促进公共的利益,所盘算的只
是自己的利益,但在这场合,像在其他许多场合一样,他受一只看不见的手的指
导,去尽力达到一个并非他本意想达到的目的。这就是市场经济中的"看不见
的手"解决资源优化配置、增进社会福利的有效机制。

2.2.1.2 帕累托最优理论

帕累托无效率状态是指,在不改变其他人福利的条件下,资源配置的调整
能使某些人福利增加的情况。如果既定的资源配置状态的改变使得至少有一
个人的状况变好,而没有使任何人的状况变坏,则认为这种资源配置状态的变
化是"好"的;否则认为是"坏"的。这种以帕累托标准来衡量为"好"的状态改
变称为帕累托改进。如果通过重新配置资源,已经不可能在不使他人处境变坏
的情况下改善任何一个人的处境,这种配置就被称为帕累托最优(Pareto Opti-
mality)。即帕累托最优指的是,如果尚存在毫无疑问地改良的潜在可能,资源
的配置就是"无效率"的。帕累托最优状态是一种资源配置状态,在这种状态
下,资源的任何再配置都不可能再使任何一个社会成员的境况更好,而同时又
不使其他社会成员的境况变坏。即一方福利的改善必须以另一方的福利牺牲
为代价。

2.2.1.3 外部性理论

外部性就是实际经济活动中,生产者或消费者的活动对其他消费者和生产
者产生的超越活动主体范围的利害影响。传统福利经济学认为,外部性是经济
主体(企业或个人)的行为对活动以外的经济主体所产生的非市场性的附带影
响。这种影响有好的作用,也有坏的作用。好的作用称为外部经济性,坏的作
用称为外部不经济性。不论是外部经济还是外部不经济,均会带来资源配置的
低效率。

从要素再配置的相关理论可以看出,市场机制在资源配置中起了重要作

用。当市场处于完全竞争状态,不存在外部性等其他情况时,在"看不见的手"的指引下,资源配置可以实现帕累托最优。但现实中,完全竞争的市场几乎是不存在的,生产者或消费者的经济行为也不可避免地具有外部性。除此之外,还存在着公共物品和公共资源、信息的不完全和不对称等一系列问题,这些都将导致要素配置的低效率。要解决要素配置低效率的问题,就需要对要素进行再配置。

2.2.2 制造业高质量发展的相关理论

经济增长理论随着经济社会的发展进步不断演变。从最开始依靠财富的积累、劳动分工和各生产要素的驱动等,到后来的外生技术进步思想、技术进步内生化模型,不同的历史时期形成了不同的经济增长理论。这些经济增长理论为制造业高质量发展的研究提供了理论基础。

从某种意义上说,经济增长理论的演进过程就是经济学家不断寻求经济增长动因的过程。鉴于我国经济已由高速增长阶段转向高质量发展阶段,依靠传统增长动能难以维持其长期地持续增长,新常态下生产要素的再配置成为经济高质量发展的关键。因此,本书将按照古典经济增长理论→新古典经济增长理论→内生增长理论梳理经济增长理论,找出进一步优化要素配置的切入点,为实现要素再配置推动制造业高质量发展的机制研究提供科学的理论依据。经济增长理论变迁过程可表示为表2-1。

表2-1 经济增长理论变迁

	古典经济增长理论	新古典经济增长理论	内生增长理论
代表学者	哈罗德、多马	瓦尔拉斯、马歇尔	罗默、卢卡斯
要素对象	劳动、资本、土地	劳动、资本、技术进步	人力资本、知识外溢、专业化分工
发展阶段	高速增长阶段		高质量发展阶段

2.2.2.1　古典经济增长理论

古典经济增长理论是经济学学科的起点,致力于研究如何促进经济实现长期有效稳定的增长,代表人物有哈罗德和多马。哈罗德以凯恩斯的收入决定理论为研究基础,将经济增长的长期问题纳入了凯恩斯的短期收入中,使静态的理论动态化,使短期的理论长期化。哈罗德的增长模式在发展经济学中产生了巨大影响。它不仅指出资本的匮乏会阻碍经济增长,而且还指出持续的资本形成才会有持续的经济增长。后来英国学者多马提出了相似的理论,认为在经济运行过程中所投入的要素都是必要的,不同要素为经济运转起着不同且不可或缺的作用,各要素可以相互转换。除此之外,古典经济学家亚当·斯密及大卫·李嘉图的经济增长理论影响也很大。亚当·斯密认为,市场机制通过竞争的力量引导人们把资源投向生产率最高的经济领域,促成社会资源的优化配置。以劳动分工为基础的劳动生产率的提高和资本积累所推动的就业人数的增加,会推动社会经济不断发展。大卫·李嘉图通过研究得出,资本积累和扩大不会引起生产过剩和经济危机,生产可以创造需求,普遍的过剩不可能发生。

2.2.2.2　新古典经济增长理论

19 世纪后半叶,瓦尔拉斯、马歇尔等经济学家开始了以边际分析为主的新古典主义经济学。新古典学派考虑了劳动、自然资源、技术进步和投资等多种生产要素。其中,技术进步可以看作独立的要素,也可以看作是影响其他要素生产率的手段。新古典学派主张通过扩大投资,加快技术进步的速度,来获取尽可能多的利润。罗伯特·索洛为新古典经济增长理论的先驱者,最为大家熟知的贡献是索洛模型。直到现在,索洛模型都是经济增长理论中不可或缺的内容。在索洛模型中,对经济总体的增长贡献被设定为由劳动、资本和技术进步组成。并且假定,储蓄率固定且储蓄等于投资,资本投入和劳动投入的组合比例可以变化且两种投入均服从边际报酬递减规律,市场是完全竞争的,生产是规模报酬不变的,技术进步为外生的等。在此模型提出之后,许多学者对其进行了扩充。实际经济周期理论就是在索洛模型基础上考虑最优消费问题的一个崭新的新古典经济学基础理论。

2.2.2.3　内生增长理论

内生增长理论是产生于 20 世纪 80 年代中期的一个西方宏观经济理论分支,由罗默(Paul M. Romer)和卢卡斯(Robert E. Lucas,Jr.)等经济学家提出,其核心是收益递增,是诸多增长模型组成的松散集合体。各增长模型之间既有明显区别,又都体现内生增长的理论特色。它突破了新古典经济增长理论的局限,促进了经济增长理论与经济发展理论的融合。它认为知识外溢、人力资本、专业化分工和有意识的研究与开发在经济增长中具有重要作用。因此,内生增长理论对经济增长的事实有较好的解释能力。此外,内生增长理论不像传统经济理论只关注经济增长问题,它更关注经济发展问题。同时,内生增长理论对政府政策作用的认识,如保护知识产权、R&D 支持和教育投入等,对各国尤其是发展中国家有重要的参考价值(刘剑,2005)。

从经济增长理论的变迁中可以看出,生产函数的设定随着生产要素的不断丰富而不断完善。结合经济增长理论基本逻辑,我国经济增长模式将由后发赶超型增长向中高端协调发展模式转变,原有依靠规模扩张的增长路径逐步向新的发展路径转变,生产要素的有效配置逐渐成为驱动经济增长的关键动力。依据内生增长理论,新形势下深入推进制造业高质量发展战略的关键在于培育地区内生性增长机制,逐步转变经济发展方式,构建区域现代化创新体系,优化生产要素配置机制,提高自主创新能力,促使由传统生产要素驱动的经济高速增长阶段转变为以提升生产要素配置效率共同引领创新的高质量发展阶段,逐步实现以自我发展能力为驱动力的内生增长态势。优化生产要素配置是培育内生增长机制的战略重点,区域经济发展的速度和质量不仅取决于生产要素数量多寡,还取决于生产要素配置合理与否,只有优化各企业、各行业和各地区的生产要素配置,才能实现以自我发展能力为驱动力的内生增长。

第3章 要素再配置和制造业
高质量发展的相互关系

要素再配置是推动制造业高质量发展的有效途径,同时制造业的高质量发展也对要素的再配置提出了新的要求。本章首先对要素再配置和制造业高质量发展的内涵进行界定,其次建立要素再配置和制造业高质量发展的指标体系,最后讨论要素再配置和制造业高质量发展的内在联系。本章的研究为后文研究"要素再配置推动制造业高质量发展的机制研究"提供理论依据。

3.1 要素再配置的内涵界定与测度

3.1.1 要素再配置的内涵界定

不同经济发展阶段的主导生产要素不同,随着经济发展阶段由低级向高级演进,主导生产要素也发生着转换。原始经济阶段,土地是居于支配地位的生产要素,其他要素则居于从属地位。随着经济发展由原始经济阶段进入到农业经济阶段,劳动逐渐成为主导要素。此时,劳动力的数量和质量与经济增长息息相关,较低质量的劳动力不利于传统部门自身生产效率的提升(郭凯明、余靖雯、龚六堂,2013;钞小静、沈坤荣,2014),经济增长越来越离不开高技术人才。步入工业经济阶段后,资本成为主导要素。Paun 等(2019)认为,假设没有显著的资本积累,其他生产要素都将处于闲置状态。若要获得可持续发展,资本要素的发展和成熟是不可或缺的。王晓芳和胡冰(2016)从供给侧视角对我国近20年要素变化趋势及各区域要素的差异化进行跟踪研究,认为资本是我国经济增长的主要推动力。虽然各经济发展阶段的主导生产要素不同,但生产始终离不开资本要素和劳动要素。因此,本书研究的要素专指资本要素和劳动要素。[1]

先有要素配置,然后才有要素的再配置。要素的再配置是指对原有要素的存量进行调整,对原有要素之间的比例进行优化。在原有要素存量调整、结构优化的基础上,提升要素配置效率。要素再配置是一种随时间变化的动态的要素调整过程。它是实现要素合理化流动、用有限的要素投入创造最大化的经济效益和发展质量的重要途径,是通过科学的规划减少生产力浪费的过程。

要素再配置的概念可以从微观企业、中观行业和宏观制造业整体三个层面进行界定。微观企业层面主要体现在企业的资本配置存量调整和劳动配置存量调整上。企业通过对自身资本和劳动存量进行调整,实现生产要素配置优化,提高生产效率。中观行业层面主要体现在行业中高质量生产要素[2]在各行业总生产要素中所占比例上。各行业高质量生产要素在总的生产要素中的比例都有一个最优值,若实际比例与最优比例之间出现偏差,则需进行调整。该调整过程即为要素配置质量提升过程。宏观制造业整体层面主要体现在制造业总体的要素配置效率上。微观企业的要素配置存量得到调整,中观行业的要素配置质量得到提升,宏观制造业整体的要素配置效率就提高了。

3.1.2　要素再配置的测度

根据要素再配置的概念,本书中将要素再配置的测度分为微观企业层面的要素配置存量调整、中观行业层面的要素配置质量提升和宏观制造业整体的要素配置效率增强三个层次。

由于本书研究的生产要素只分为资本要素和劳动要素两大类,相应地,要

---

[1]　本书的资本要素包含金融资本和物质资本,劳动要素包含普通劳动力和人力资本。与人结合在一起的知识资本和技术资本属于人力资本;与物结合在一起的知识资本和技术资本归为物质资本。

[2]　高质量生产要素指的是单位产出高的生产要素。

素配置存量调整分为资本配置存量调整和劳动配置存量调整,要素配置质量提升分为资本配置质量提升和劳动配置质量提升,要素配置效率增强分为资本配置效率增强和劳动配置效率增强。

具体的要素再配置评价指标体系如表 3 - 1 所示。

表 3 - 1　要素再配置评价指标体系

一级指标	二级指标	指标解释
微观企业要素配置存量调整	资本配置存量调整	(当年劳动存量×当年行业平均资本存量/当年行业平均劳动存量 - 当年资本存量)绝对值的倒数
	劳动配置存量调整	(当年资本存量×当年行业平均劳动存量/当年行业平均资本存量 - 当年劳动存量)绝对值的倒数
中观行业要素配置质量提升	资本配置质量提升	"新产品开发经费支出/R&D 经费支出"与"新产品开发经费的平均支出/R&D 经费平均支出"的差值绝对值的倒数
	劳动配置质量提升	"R&D 人员折合全时当量/平均用工人数"与"R&D 人员折合全时当量平均数/平均用工人数"差值绝对值的倒数
宏观制造业要素配置效率增强	资本配置效率增强	(当年资本的边际产出 - 上一年资本的边际产出)/上一年资本的边际产出
	劳动配置效率增强	(当年劳动的边际产出 - 上一年劳动的边际产出)/上一年劳动的边际产出

3.1.2.1　要素配置存量调整

通过对资源的配置,特别是对生产要素存量进行调整,会直接影响企业的创新创业行为,进而影响产品的高质量发展(Ocasio,1997;Barnett,2008;Sullivan,2010;Ren and Guo,2011)。生产要素的存量调整是对生产要素进行的重组或再配置,是一种适应性的、常规性的存量调整。不同企业中生产要素的边际生产率往往并不相等。这就会促使生产要素向高生产率水平或高生产率增长的企业部门流动,从而促进制造业企业总体生产率提升,加速经济增长,即要素配置存量调整会推动经济向更高质量发展。要素配置存量调整分为资本配置存量调整和劳动配置存量调整,分别用企业内部资本和劳动的变动衡量。

　　参照李治国和唐国兴(2003)的资本存量调整模型,本书的资本配置存量调整采用($L_t \cdot K_t^* / L_t^* - K_t$)的绝对值的倒数测算,劳动配置存量调整采用($K_t \cdot L_t^* / K_t^* - L_t$)的绝对值的倒数测算。

　　其中 K_t^* 和 L_t^* 分别为本年最优资本存量和最优劳动存量,用当年行业平均资本存量和当年行业平均劳动存量测算[①], K_t 和 L_t 分别为企业当年资本存量和劳动存量。

　　按照上述方法测算的资本配置存量调整和劳动配置存量调整表示的意思是企业中的劳资比越接近于最优劳资比,企业生产的产品质量越高。资本配置存量调整和劳动配置存量调整的测算数据采用规模以上工业企业数据库中制造业企业的数据。

3.1.2.2　要素配置质量提升

　　单位投入要素相对产出越大,要素质量越高(邹全胜,2006),要素质量是要素基本素质及其构成结构等特征的集中体现(余子鹏、袁玲丽,2019)。要素配置质量则更强调要素的配置情况。本书用行业中高质量生产要素[②]在行业总的生产要素中的比例与最优比例差值绝对值的倒数来表示要素配置质量提升。该值越大,要素配置质量提升越高。将要素配置质量提升分为资本配置质量提升和劳动配置质量提升两部分。用"新产品开发经费支出"表示高质量的资本,用"R&D人员折合全时当量"表示高质量的劳动,则资本配置质量提升用"新产品开发经费支出/R&D经费支出"与"新产品开发经费的平均支出/R&D经费平均支出"的差值绝对值的倒数表示,劳动配置质量提升用"R&D人员折合全时当量/平均用工人数"与"R&D人员折合全时当量平均数/平均用工人数"差值绝对值的倒数来表示。一般来说,新产品开发经费支出在R&D经费支出中所

---

　　① 遵循大部分文献做法,本书选用当年行业平均资本存量作为企业最优资本存量,选用当年行业平均劳动存量作为企业最优劳动存量。

　　② 高质量资本指的是单位产出高的资本,高质量劳动指的是单位产出高的劳动。在本书中,高质量资本用"新产品开发经费支出"表示,高质量劳动用"R&D人员折合全时当量"表示。

占比重与最优比重越接近,越有利于产业价值链升级与软价值提升。同样,"R&D 人员折合全时当量/平均用工人数"的比值越接近最优比值,越有利于产业价值链升级与软价值提升。资本配置质量提升和劳动配置质量提升的测算数据采用的是各行业规模以上工业企业数据。

3.1.2.3　要素配置效率增强

要素配置效率反映经济系统中产出与投入的关系。要素配置效率的改善意味着要素向高生产率产业和部门流动,从而推动产业结构变迁,提升经济增长质量。要素配置效率改善,是实现制造业可持续高质量发展、提升制造业全要素生产率的主要方式。要素配置效率越高,制造业的全要素生产率也会越高,制造业的高质量发展就会越快实现。要素配置效率包括资本要素配置效率和劳动要素配置效率。宏观层面的资本要素配置效率和劳动要素配置效率是指资本要素和劳动要素在各区域、各部门间进行合理分配,使资本要素和劳动要素向高投入回报地区和部门流动。当前文献中关于资本配置效率的测算方法主要有边际产出法(范学俊,2008)、资本投资弹性系数法(Wurgler,2001)等。本书基于数据的可得性,选择边际产出法测算资本配置效率。依据资本配置效率的边际产出测算方法,劳动配置效率也采用边际产出法进行测算。资本配置效率和劳动配置效率的测算数据采用宏观层面 31 个省、自治区、直辖市规模以上工业企业数据。

3.2　制造业高质量发展的内涵界定与测度

3.2.1　制造业高质量发展的内涵界定

高质量发展是我国经济发展的一种综合性的新战略,是基于我国经济发展阶段和社会主要矛盾变化,对我国经济发展方向、重点和目标做出的战略调整,是适应引领我国经济社会发展新时代、新要求的战略选择。同时也是对现行各种经济发展战略的一个统领和提升,与其他各项战略一起,旨在推动中国速度向中国质量转变、中国制造向中国创造转变、中国产品向中国品牌转变、产业链中低端向中高端跃升,实现中国经济发展质量、水平、层次的全面跃升,更好满足人民日益增长的美好生活需要,给人们带来更大获得感、幸福感、安全感。推动经济高质量发展,是适应中国社会主要矛盾变化的基本要求,是建设社会主义现代化国家的关键路径,也是遵循中国经济实践规律的根本所在,对真正实现国家富强至关重要。

制造业是国民经济的主体,要想推动中国速度向中国质量转变、中国制造向中国创造转变、制造大国向制造强国转变,关键是要推动制造业高质量发展。2018年12月召开的中央经济工作会议明确提出,要推动制造业高质量发展,坚定不移建设制造强国。2019年《政府工作报告》进一步指出,要"围绕推动制造业高质量发展,强化工业基础和技术创新能力,促进先进制造业和现代服务业融合发展,加快建设制造强国"。这为我国制造业未来发展指明了方向,明确了任务。

3.2.1.1　制造业高质量发展的内涵

发展理念作为发展行动的先导,决定了发展目标、政策举措的根本方向。从数量型增长到质量型发展的历史性变迁,是马克思主义唯物辩证法质量互变规律和矛盾对立统一规律作用于我国特定发展时期的动态反映。许多学者从不同视角探讨了高质量发展的内涵。任保平和文丰安(2018)认为,高质量发展是经济发展质量的高水平状态。李伟(2018)认为,高质量发展有六大内涵,包括高质量的供给、高质量的需求、高质量的配置、高质量的投入产出、高质量的收入分配和高质量的经济循环。王一鸣(2020)认为,高质量发展的主要特征是从"数量追赶"转向"质量追赶",从"规模扩张"转向"结构升级",从"要素驱动"转向"创新驱动",从"分配失衡"转向"共同富裕",从"高碳增长"转向"绿色发展"。基于上述研究,本书对制造业高质量发展的理解是,以党的十八届五中全会提出的"创新为第一动力、协调为内生特点、绿色为普遍形态、开放为必由之路、共享为根本目的"这五大发展理念为指导,从微观企业、中观行业和宏观制造业整体三个层面对制造业高质量发展的内涵进行界定。制造业高质量发展是微观层面的产品质量提升、中观层面的产业价值链升级与软价值提升和宏观层面的制造业整体质量与效率提升的发展状态。

(1)五大发展理念。制造业高质量发展的根本动力是科技创新,要实现制造业的质量变革、效率变革、动力变革,除了要依靠科技进步,还应注意系统之间的协调发展。发展的绿色化、生态化是现代文明的重要标志。推动发展模式由单纯追求经济效益向追求生态效益与经济效益并存的现代化发展模式转变,促进经济可持续发展,是制造业高质量发展的重要方面。当今世界经济是一个全球高度融合发展、国际市场高度一体化的共同体,制造业高质量发展只有在高度开放的全球化过程中才能实现。以人民为中心是我国经济和社会发展的根本出发点,因此制造业高质量发展要满足人民群众丰富多样、不断升级的美好生活需求,使人民走向共享发展、实现共同富裕。

(2)三个发展层面。高质量的产品是制造业高质量发展的内在要求,精益求精、不断提高产品质量是世界工业化进程的规律和趋势。产品质量是制造业高质量发展的本源性质量组成成分,新时代经济高质量发展最基本的要求就是不断向消费者提供高质量的产品和服务。现代化产业体系是现代化经济体系的核心内容。建设现代化产业体系,应以提高产业与区域发展质量为方向,重点从调整产业结构、促进产业转型升级和发展战略性新兴产业着手,推动产业价值链向中高端迈进,加快发展先进制造业,推动互联网、大数据、人工智能同实体经济深度融合。制造业高质量发展不仅是指某一种产品标准符合国际先进水平,而且是整个制造业生产力体系都要有活力、有效益、有质量。

3.2.1.2　制造业高质量发展的特征

制造业高质量发展表现为生产要素投入低、资源配置效率高、资源环境成本低和经济社会效益好。具体有以下几点特征。

(1)发展动力转换。一是供给侧由要素驱动转向创新驱动。创新驱动是现阶段中国经济增长的新动力,不同于原先以要素驱动为主的经济增长旧动力,创新驱动是通过人力、资本、技术等要素的升级提高全要素生产率并形成高质量发展的基础。二是需求侧由出口和投资拉动经济增长转向消费拉动经济增长。随着我国整体进入工业化后期,出口和投资对我国经济增长的贡献度都有不同程度的下降。但在过去十多年的增长中我国产生了一个几亿人的中等收入群体,这个群体所产生的消费需求强大而持久,显示了其对于经济增长的强劲动力。新消费优化并催生新需求,进而拉动经济的增长,是高质量发展的催化器。

（2）产业结构优化。基于创新驱动、消费拉动经济增长的经济形态，制造业经济发展呈现出总体结构优化、质量效益提高、可持续性增强的特点。具体表现在：①产业结构升级。随着经济的发展、产业分工的深化，特别是以互联网为代表的新一代信息技术与传统产业的融合，产业形态上呈现出从低级向中级、高级不断攀升的特征，这是产业演变的自然规律。②对外贸易结构升级。经济结构成分中外贸比重和外资比重的扩大，加快了外贸发展动力转变，促进投资自由化与便利化，以高质量的对外开放带动中国制造业高质量发展。

（3）发展效率提升。从效率角度看，制造业高质量发展要求以最少的要素投入获得最大的产出。具体体现在：①要素配置效率提高。要素和资源被配置到生产效率更高的领域和环节，实现要素供需高效匹配，进而实现投入产出高效、单位 GDP 能耗降低、产能利用率升高、绿色低碳发展。②创新效率提高。要素的升级改变了原有的要素投入结构，使得创新主体、创新机构组织、创新激励发生了重大变化，创新活动向产出效率更高、生产模式更新、成本控制更好的方向加速发展。③市场组织效率提高。市场要素配置能力的增强使得要素得到更合理利用，通过存量调整、质量提升和效率增强，实现经济收益的增加，促进企业家与职工等各类微观经济主体之间的利益协同。

基于前面的表述，制造业高质量发展的内涵可用图 3 – 1 表示。

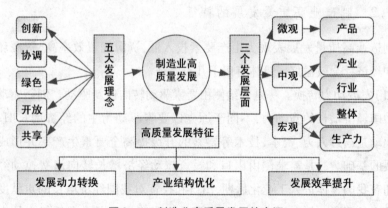

图 3 – 1　制造业高质量发展的内涵

3.2.2　制造业高质量发展的测度

制造业高质量发展内涵丰富,难以用单一指标衡量。目前对制造业高质量发展测度体系的研究文献很少,结合上节对制造业高质量发展内涵的界定,本书认为制造业高质量发展的测度体系应以五大发展理念为指导,从三个发展层面进行测度。

为了更加科学、客观地反映制造业的高质量发展,本书基于我国的实际情况,充分吸收发达经济体成功的经验和失败的教训,在借鉴相关评价指标体系(Mlachila, Tapsoba and Tapsoba,2017;魏敏、李书昊,2018;李金昌、史龙梅、徐蔼婷,2019;马茹等,2019;张涛,2020)长处的基础上,结合数据的可得性,认为微观企业层面应从"增长速度""企业盈利""单位能耗产出""出口绩效"四个方面对企业产品高质量发展进行测度,中观行业层面应从"产业软价值""亏损企业占比""生产成本""新产品出口占比"四个方面对产业价值链升级与软价值提升进行测度,宏观制造业整体层面应从"TFP指数""污染指数""协调指数""共享水平"四个方面对制造业整体生产力高质量发展进行测度。

构建的制造业高质量发展评价指标体系如表3-2所示。

表3-2　制造业高质量发展评价指标体系

一级指标	二级指标	指标解释
微观企业产品高质量发展	增长速度	销售产值增速
	企业盈利	主营业务收入利润率
	单位能耗产出	销售产值/能源消耗
	出口绩效	出口交货值/企业主营业务收入
中观行业产业价值链升级与软价值提升	产业软价值	新产品销售收入/主营业务收入
	亏损企业占比	亏损企业单位数/企业单位数
	生产成本	每百元主营业务收入中的成本
	新产品出口占比	新产品出口销售收入/出口交货值

续表

一级指标	二级指标	指标解释
宏观制造业生产力高质量发展	TFP 指数	基于 Malmquist 指数测算
	污染指数	工业废水排放强度①
	协调指数	私营企业主营业务收入/国有企业主营业务收入
	共享水平	各省份规模以上工业企业销售产值/全国规模以上工业企业销售总产值

3.2.2.1　微观企业产品高质量发展

参照文献(Mlachila, Tapsoba and Tapsoba, 2017;魏敏、李书昊,2018;马茹等,2019;张涛,2020),选取"增长速度""企业盈利""单位能耗产出""出口绩效"四个指标进行测度。增长速度用制造业企业的"销售产值增速"测算;企业盈利采用"主营业务收入利润率"测算;单位能耗产出采用"销售产值/能源消耗"测算;出口绩效采用"出口交货值/企业主营业务收入"测算。除"能源消耗"数据来源于国家统计局网站之外,其余测算数据均来源于 2011—2014 年中国工业企业微观数据库。由于能源消耗数据只有行业数据,单位能耗产出的测算是将销售产值数据按二分位数行业加总得到行业总的销售产值,再用行业总的销售产值除以行业的能源消耗得到的。

由于各指标计量单位不统一,需先将各指标进行标准化处理,再用主成分分析方法确定权重,进行加权合成,最终得到企业产品高质量发展总指标。由于微观工业企业数据量过大,详细测算结果不便列出。

3.2.2.2　中观行业产业价值链升级与软价值提升

参照文献(魏敏、李书昊,2018;马茹等,2019;张涛,2020),选取"产业软价值""亏损企业占比""生产成本""新产品出口占比"四个指标进行测度。产业软价值用"新产品销售收入/主营业务收入"测算;亏损企业占比采用"亏损企业

---

① 工业废水排放强度 = 工业销售产值/工业废水排放总量。

单位数/企业单位数"测算;生产成本采用"每百元主营业务收入中的成本"测算;新产品出口占比采用"新产品出口销售收入/出口交货值"测算。由于"亏损企业占比"和"生产成本"两个指标是逆指标,即指标数值越大,产业价值链升级与软价值提升的程度越小,实际测算时采用其倒数进行测算。四个指标测算数据均来源于国家统计局网站。

将各指标进行标准化处理,再用主成分分析方法确定权重,进行加权合成,得到产业价值链升级与软价值提升总指标。详细测算结果见附表1。

3.2.2.3　宏观制造业生产力高质量发展

生产力高质量发展指标,依据文献(Mlachila,Tapsoba and Tapsoba,2017;魏敏、李书昊,2018;李金昌、史龙梅、徐蔼婷,2019;马茹等,2019),采用"TFP 指数""污染指数""协调指数""共享水平"四个指标度量。TFP 指数基于Malmquist 指数测算;污染指数采用"工业废水排放强度"指标测算;协调指数采用"私营企业主营业务收入/国有企业主营业务收入"测算;共享水平采用"各省份规模以上工业企业销售产值/全国规模以上工业企业销售总产值"测算。四个指标测算数据来源于中国能源数据库和国家统计局网站。

将各指标进行标准化处理,再用主成分分析方法确定权重,进行加权合成,得到生产力高质量发展指数。详细测算结果见附表2。

制造业高质量发展评价指标体系中的"增长速度"指标、"企业盈利"指标、"产业软价值"指标、"生产成本"指标和"TFP 指数"指标可以体现五大发展理念中的"创新"理念;"亏损企业占比"指标和"协调指数"指标可以体现五大发展理念中的"协调"理念;"单位能耗产出"指标和"污染指数"指标可以体现五大发展理念中的"绿色"理念;"出口绩效"指标和"新产品出口占比"指标可以体现五大发展理念中的"开放"理念;"共享水平"指标可以体现五大发展理念中的"共享"理念。

3.3　要素再配置和制造业高质量发展的内在联系

制造业高质量发展是宏观发展目标,生产要素是微观活动元素;制造业高质量发展需要生产要素的优化配置来实现,生产要素的优化配置要以制造业高质量发展为指导。因此,要素再配置和制造业高质量发展之间具有密切的内在联系。

3.3.1　微观企业要素配置存量调整和产品高质量发展的内在联系

微观企业的要素配置存量调整会促进微观企业的产品高质量发展。反过来,微观企业要提高自身产品的质量,必然要对要素配置存量进行优化调整。

在不存在市场失灵的情况下,要素配置存量调整能够促进产品的高质量发展。要素配置存量调整是指企业根据自身所需,调整资本存量和劳动存量的一种动态的生产要素再配置过程,反映了生产要素在数量维度的再配置。在完全竞争的市场条件下,企业通过对生产要素的存量进行及时有效调整,可以实现同种生产要素在不同企业间的边际生产力相等,进而提高企业的生产效率。通过生产要素在不同企业间的自由流动,企业可以选择进入或退出市场。随着企业在市场中不断进入和退出,那些生产成本低、产品质量高的企业最终会留下来。

产品的高质量是制造业高质量发展的内在要求。产品的高质量发展,不仅要求产品本身质量过硬、品质优良,更要求产品能动态满足市场的多样化需求,在尽可能短的时间内跟上市场需求的变化。企业是产品的提供者,是推动制造业发展的主体。这就要求企业对市场产品的需求及时做出反馈,对生产市场所需产品的生产要素及时做出调整。即微观企业的产品高质量发展要求企业对资本配置存量和劳动配置存量进行及时有效调整。

3.3.2　中观行业要素配置质量提升和产业价值链升级与软价值提升的内在联系

要素配置质量提升促进产业价值链升级与软价值提升。要素配置质量提升是指,依据生态、节约、循环、环保等理念,在行业间进行资本和劳动的再配置。通过优化行业中各种高质量生产要素在总的生产要素中的比例,在提高产出的同时,节约资源能源,减少环境污染。同时,要素配置质量要适应制造业高质量发展阶段产业优化升级的需要,聚焦重点产业、重点区域和重大工程,与改造提升传统优势制造业相适应,与先进制造业和战略性新兴产业的发展相匹配。与制造业高质量发展相匹配的要素配置质量,有利于改造提升传统产业,有利于拉动战略性新兴产业发展,有助于推动制造业向产业价值链的中高端迈进。

制造业产业价值链升级与软价值提升是指制造业企业在国际产业链中从低端环节向中高端环节攀升,国内制造业企业由传统加工制造环节转向研发、生产、服务等环节。通过研发新技术、生产新产品、延长产业链等手段,促进制造业不断实现转型升级。这就要求更高质量的生产要素与之匹配,即产业价值链升级与软价值提升要求高质量生产要素在行业中的比重进一步提升。高质量生产要素和一般生产要素在不同企业中的边际产出越接近于相等,即高质量生产要素在行业的总生产要素中所占比例越接近于产业价值链升级与软价值提升所需最优比例,要素配置质量越高。

3.3.3 宏观制造业要素配置效率增强与生产力高质量发展的内在联系

要素配置效率增强促进生产力高质量发展。要素配置效率是指,生产要素在政府和市场调节机制的作用下,流向不同效益水平的行业和企业,从而实现各行业和企业资金投入结构优化、人力资本按需分配的一种动态配置效果,是要素配置存量调整和要素配置质量提升共同作用下的结果。要素配置效率提高将促使人力、资本等生产要素深刻改变制造业生产方式。而转变后的生产方式与研发活动的深度融合,有助于推动制造业发展质量变革、效率变革、动力变革,最终实现我国制造业生产力的整体跃升。

制造业高质量发展,是以新发展理念为引领,以提高制造业供给体系质量、更好满足消费升级需求为目标,以提高效率和效益为根本要求,以创新为根本动力,优质高效、平衡协调和可持续的发展。在宏观层面主要体现在生产力的高质量发展上。生产力的高质量发展要求生产要素更高效率的配置。微观企业生产要素存量配置合理,与高质量产品的生产相适应。中观层面生产要素配置质量提高,和产业价值链升级与软价值提升相匹配。宏观层面生产要素配置效率提高,才能实现制造业整体的生产力高质量发展。生产要素配置效率高,不仅要求微观企业生产要素配置存量合理,中观行业生产要素配置质量提升,更要求通过生产要素的重新优化组合,能够生产出更多更优质的产品,以满足消费者多样化的需求。生产要素配置效率低下,将会带来制造业全要素生产率的下降,制约制造业高质量发展。因此,制造业整体生产力的高质量发展,要求要素配置的高效率。

第4章 微观企业要素配置存量调整 推进产品高质量发展的作用机制

通过前一章分析可知,在经济高质量发展的背景下,要素再配置推动制造业高质量发展是从三个层面进行的。微观企业层面,通过要素配置存量调整推动产品高质量发展;中观行业层面,通过要素配置质量提升促进产业价值链升级与软价值提升;宏观制造业层面,通过要素配置效率增强推动生产力高质量发展。从本章开始的后续三个章节将就上述路径中关键节点之间的作用关系进行分析。企业是制造业高质量发展的微观主体,而优质的产品是企业赖以生存和发展的法宝,也是制造业实现高质量发展的根本体现。因此,有必要将研究企业要素配置存量调整对企业产品高质量发展的影响机制放在首位。

4.1 要素配置存量调整对产品高质量发展的作用路径

当前,中国经济已由高速增长阶段转向高质量发展阶段。推动经济高质量发展对中国制造提出了更高的要求。要实现中国经济高质量发展,就必须要有高质量的制造业作为支撑。要发展高质量的制造业,就必须对生产要素进行再配置和优化。要素的再配置和优化是实现要素合理化流动、用有限的要素投入创造最大化的经济效益和更高发展质量的重要途径,是通过科学的规划减少生产力浪费的过程。

　　产品的高质量是制造业高质量发展的内在要求。精益求精、不断提高产品质量是世界各国工业化进程的规律和趋势。产品的高质量发展,不仅要求产品本身质量过硬、品质优良,更要求产品能动态满足市场的多样化需求,在尽可能短的时间内跟上市场需求的变化。而企业作为产品的提供者,是推动制造业高质量发展的主体。要素投入是企业生产的基础,其质量高低直接影响中间品投入质量和最终品产出质量。只有生产要素在不同企业间合理流动,实现生产要素在企业间的再配置,微观企业生产要素存量得到调整,企业才能降低获取生产要素的成本,提高所获生产要素的质量,生产出符合市场需求的高质量产品。

　　由于本书的生产要素分为资本要素和劳动要素两大类,相应地,要素配置存量调整分为资本配置存量调整和劳动配置存量调整。

　　要素配置存量调整对产品高质量发展的作用路径如图 4 – 1 所示。

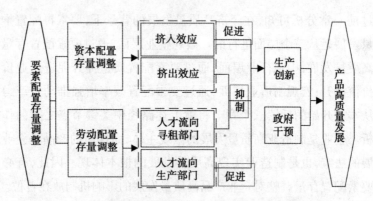

图 4 – 1　要素配置存量调整对产品高质量发展的作用路径

　　资本配置存量调整通过"挤入效应"和"挤出效应"影响企业生产创新(马红、侯贵生、王元月,2018),进而影响企业产品的高质量发展。"挤入效应"从收入效应和资本成本效应两方面影响企业创新。收入效应是企业为实现资金储备的目的,将闲置的资金投入金融市场获得高额回报,为企业实体投资的扩大提供资金来源(Demir,2009)。资本成本效应是企业通过金融投资的形式管理剩余现金流,形成金融投资的"蓄水池效应"。收入效应和资本成本效应都可以缓解企业进行实体投资的外部融资约束,因而有利于企业进行生产投资、改善技术工艺、提高生产效率,从而促进企业产品的高质量发展。

　　"挤出效应"从资本配置效应和财富分配效应两个方面影响企业的产品高质量发展。资本配置效应是指在现有资金、技术不变的前提下,企业以套利为目的而增加的金融投资,这会导致大量资本滞留在虚拟市场中"空转"。当金融投资回报率远高于实体投资回报率时,企业容易陷入过度关注短期收益的误区,从而减少企业可用于实体投资的资金规模,甚至可能侵蚀企业原本用于实体投资的资金。财富分配效应是指由于金融投资并不直接增加财富,金融市场的膨胀意味着对财富总量的"瓜分",压缩实体经济利润空间。随着实体经济效益的不断下降,依据资本逐利法则,企业必然会增加对金融投资的热情,进而倾向于减少实体投资的规模(朱映惠、王玖令,2017),从而对企业实物投资产生"挤出效应"。"挤出效应"使企业目标陷入短期利益最大化,损害了企业长期可持续发展的目标,不利于企业的生产创新,因此,会抑制企业产品的高质量发展。

　　劳动配置存量调整指的是劳动力在不同企业间的流动,即劳动要素的再配置。因此,劳动配置存量调整即为人力资源的流动。当人力资源进入生产部门,生产部门的生产效率就会得到改善,推动企业技术创新,实现企业产品的高质量发展;反之,若人力资源成为寻租者,则会损害经济增长。人力资源流向寻租部门导致进入生产部门人力资源缺少,从而对长期经济发展产生负面影响。寻租不仅不具有生产性,还会造成人力资本错配。若生产部门缺少高质量的人力资本流入,会造成技术创新不足,抑制产品高质量发展。

　　企业中的资本和劳动存在错配问题会导致企业中资本的"挤出效应"和人才流向寻租部门,从而制约企业产品的高质量发展。因此,微观企业产品高质量发展的实现需要政府部门的介入。政府部门可通过进一步推进金融市场化改革,完善金融市场监管体系,降低杠杆,引导金融资本更多流向高回报率的创新研发领域,抑制资本的"挤出效应",实现企业产品的高质量发展。完善的产权保护制度可以减少企业家所受到的寻租者的攫取,吸引更多人才成为企业家,进而改善整个经济体的微观结构。这就需要政府进一步弱化其作为"合法"寻租者的角色,提高从事生产性职业者的收入,避免人力资源流向寻租部门,造成经济发展滞后。通过政府部门的制度规范,抑制资本的"挤出效应"和人才流向寻租部门,规范资本和人才流向生产部门,将会带来产品更高质量的发展。

4.2　要素配置存量调整推进产品高质量发展的机理解析

本节沿用 Rivera-Batiz 和 Romer(1991)的内生增长模型,借鉴 Lai、Peng、Bao(2006)的建模思想研究要素配置存量调整对产品高质量发展的作用机理,做出了两点改进。其一,与 Lai、Peng、Bao(2006)将中间品投入分为国内生产和国外进口不同,本部分将物质资本分离为企业原有资本和资本配置存量调整两部分,将劳动分离为企业原有劳动和劳动配置存量调整两部分。其二,在家庭部门的效用最大化函数中引入了产品质量指标,并用其代表产品的高质量发展。从理论上推导出要素配置存量调整对产品高质量发展的影响,并梳理资本配置存量调整和劳动配置存量调整对产品高质量发展的作用机理,为后文的经验研究提供理论基础。

4.2.1　模型设定

借鉴两部门内生增长模型,假定社会存在最终产品生产部门和家庭部门两个部门。

(1)最终产品生产部门。与已有研究不同,本部分将资本分离为 K 和 $Cast$,劳动分离为 L 和 $Emst$, $Cast$ 和 $Emst$ 分别表示企业资本配置存量调整和劳动配置存量调整。此时,生产函数可写为

$$Y = A (K + Cast)^{\alpha} (L + Emst)^{\beta} \tag{4-1}$$

由成本最小化,得

$$s.t. \quad \min\{r(K + Cast) + w(L + Emst)\} \tag{4-2}$$

其中, A 为全要素生产率, α 为 K 和 $Cast$ 的产出弹性, β 为 L 和 $Emst$ 的产出弹性, w 为工资率, r 为市场利率水平。假定资本市场和劳动力市场都是完全竞争的,即企业自有资本 K 和资本配置存量调整 $Cast$ 价格相同,企业原有劳动 L 与劳动配置存量调整 $Emst$ 价格相同。

(2)家庭部门。消费和财富能给人们带来正的效用,居民要获得最大的效用,会将储蓄全部用于投资。因此,本部分假定企业增加资本投入所需资金全

部来源于居民储蓄,即居民的总财富为 $Cast$。设定劳动给人们带来的效用为负。于是,家庭部门效用最大化函数可表示为

$$\max \int_0^{+\infty} \left[\ln C + \theta \ln Cast - \eta \ln(L + Emst) \right] e^{-\rho t} dt \qquad (4-3)$$

式中 C 为家庭部门总消费;$Cast$ 为家庭部门总财富;($L + Emst$)为家庭部门提供的劳动总量;θ 和 η 分别表示财富和劳动对个体福利的重要性;ρ 为主观贴现率。θ、η 和 ρ 都大于 0。

此外,消费者消费的产品数量与产品的性价比有关。消费者为了自身效用的最大化,会选择消费性价比高的产品,即消费者会选择消费质量好且价格低的产品。根据 Khandelwal、Schott 和 Wei(2013)的企业产品质量异质性模型,消费者消费的产品数量 q 可表述为

$$q = p^{-\sigma} Qual^{\sigma-1} \frac{E}{P} \qquad (4-4)$$

式中 $Qual$ 表示产品质量,本书用它代表产品高质量发展;p 为产品价格;E 为消费总支出;P 为消费者面临的价格指数;$\sigma(\sigma > 1)$ 为产品种类间的替代弹性。

假定社会只存在最终产品生产部门和家庭部门两个部门,(4-4)式中消费者消费的产品数量即为(4-3)式中的家庭部门总消费,即

$$C = q \qquad (4-5)$$

将(4-4)式和(4-5)式代入(4-3)式,得家庭部门效用最大化函数如下。

$$\max \int_0^{+\infty} \left[(\sigma - 1)\ln Qual - \sigma \ln p + (\ln E - \ln P) + \right.$$
$$\left. \theta \ln Cast - \eta \ln(L + Emst) \right] e^{-\rho t} dt \qquad (4-6)$$

$Cast$ 为家庭部门总财富,也即为居民储蓄,其积累方程可以表示为

$$\dot{Cast} = w(L + Emst) + rCast - C \qquad (4-7)$$

4.2.2 市场一般均衡

(1)最终产品生产部门。厂商生产的最终目的是实现利润最大化,假定最终产品的价格为 1,最终产品生产部门利润最大化函数为

$$\max \pi = A (K + Cast)^{\alpha} (L + Emst)^{\beta} - r(K + Cast) - w(L + Emst)$$
$$(4-8)$$

将(4-8)式分别关于 $Cast$ 和 $Emst$ 求一阶偏导数,并令其为零,可得利润最大化一阶条件如下:

$$\alpha \cdot \frac{Y}{K + Cast} = r \qquad (4-9)$$

$$\beta \cdot \frac{Y}{L + Emst} = w \qquad (4-10)$$

(2)家庭部门。假设金融资本的积累全部来自于家庭部门,构建现值 Hamiltonian 函数如下:

$$H_U = \left[(\sigma - 1)\ln Qual - \sigma \ln p + (\ln E - \ln P) + \theta \ln Cast - \eta \ln(L + Emst) \right] e^{-\rho t} + \lambda \left[w(L + Emst + rCast - C) \right] \qquad (4-11)$$

假定消费总支出和价格指数都为常数,且 $\frac{E}{P} = 1$。于是现值 Hamiltonian 函数变为

$$H_U = \left[(\sigma - 1)\ln Qual - \sigma \ln p + \theta \ln Cast - \eta \ln(L + Emst) \right] e^{-\rho t} + \lambda \left[w(L + Emst) + rCast - C \right] \qquad (4-12)$$

将(4-12)式分别对控制变量 $Cast$、$Emst$ 和 C,共态变量 λ 求一阶偏导数,并结合伴随方程及(4-7)、(4-9)和(4-10)式,可得

$$Qual = \left\{ \frac{\alpha \theta (K + Cast)}{\left[\alpha r(K + Cast) - \beta w(L + Emst) \right] p^{\sigma} Cast} \right\}^{\sigma - 1} \qquad (4-13)$$

由(4-13)式可知,产品高质量发展 $Qual$ 是资本配置存量调整 $Cast$ 和劳动配置存量调整 $Emst$ 的函数。

将(4-13)式关于资本配置存量调整 $Cast$ 求一阶偏导数,得

$$\frac{\partial Qual}{\partial Cast} = (\sigma - 1)Qual^{-1} \cdot \frac{\alpha \theta p^{\sigma} \left[\beta w K(L + Emst) - \alpha r (K + Cast)^2 \right]}{\left[\alpha r(K + Cast) - \beta w(L + Emst) \right]^2 p^{2\sigma} Cast^2}$$

$$(4-14)$$

在式(4-14)中,$\sigma - 1 > 0$,分母 $\left[\alpha r(K + Cast) - \beta w(L + Emst) \right]^2 p^{2\sigma} Cast^2 > 0$。因此,当分式的分子部分 $\beta w K(L + Emst) - \alpha r (K + Cast)^2 > 0$ 时,资本配置存量调整对产品高质量发展具有正向影响。此时资本配置存量调整的"挤入效应"大于"挤出效应"。企业资本配置存量调整后,企业中的劳资比更接近于企业自身最优劳资比。当分子部分 $\beta w K(L + Emst) - \alpha r (K + Cast)^2 < 0$ 时时,资本配置存量调整对产品高质量发展的影响为负。此时资本配置存量调整的"挤

出效应"大于"挤入效应"。为避免这种情况出现,政府部门会推进金融市场化改革,完善金融市场监管体系,降低杠杆,引导金融资本更多流向高回报率的创新研发领域,抑制资本的"挤出效应"。因此,在政府部门的干预下,资本配置存量调整会促进产品高质量发展。

将(4-13)式关于劳动配置存量调整 $Emst$ 求一阶偏导数,得

$$\frac{\partial Qual}{\partial Emst} = (\sigma - 1) \frac{\beta w \cdot Qual}{\alpha r(K + Cast) - \beta w(L + Emst)} \qquad (4-15)$$

在(4-15)式中, $\sigma - 1 > 0$ 。当分母 $\alpha r(K + Cast) - \beta w(L + Emst) > 0$ 时,人力资源流向生产部门,在保持其他因素不变的情况下,劳动配置存量调整与产品高质量发展同方向变化;反之,当分母 $\alpha r(K + Cast) - \beta w(L + Emst) < 0$ 时,人力资源流向寻租部门。人力资源流入寻租部门会导致进入生产部门的人力资源缺少,阻碍企业技术创新。此时,劳动配置存量调整与产品高质量发展反方向变化。为避免这种情况出现,政府会通过制度规范,提高从事生产性劳动者的收入,避免人才流向寻租部门。因此,在政府部门的干预下,劳动配置存量调整会促进产品高质量发展。

根据上述分析,可得结论1。

结论1:在政府部门适当干预下,资本配置存量调整和劳动配置存量调整会促进产品高质量发展。

国有企业通常能够获得政策性补贴,而民营企业在进行研发活动时通常会面临严重的融资约束(张璇等,2017)。这就会导致不同所有制企业中要素配置存量调整对产品高质量发展的影响不同。因此,可得结论2。

结论2:不同所有制下,要素配置存量调整对产品高质量发展的影响具有异质性。

我国要素市场发育不完善,各项监管手段还不成熟,导致要素配置出现扭曲时,不能顺利快速地进行调整。而要素配置扭曲对企业绩效及全要素生产率的影响又表现出明显的行业异质性(武力超等,2016;王启超、王兵、彭睿,2020)。据此,可得结论3。

结论3:要素配置存量调整对产品高质量发展的影响具有行业异质性。

程惠芳和陆嘉俊(2014)在研究知识资本对工业企业全要素生产率的影响时发现,工业企业知识资本投入对全要素生产率的影响存在明显的区域异质

性,东中西三大区域差异明显。杨志才(2019)在研究要素配置、收入差距与经济增长的过程中发现,不同地区资本、劳动力的配置会影响地区间收入差距和经济增长。即要素配置对收入差距和经济增长的影响具有区域差异性。据此,得到结论4。

结论4:要素配置存量调整对产品高质量发展的影响具有地区异质性。

为了验证理论分析所得4个结论,接下来将进行实证检验。

4.3　要素配置存量调整对产品高质量发展的实证分析

基于上述理论分析可知,资本配置存量调整和劳动配置存量调整能够影响产品高质量发展。规模以上工业企业数据中企业规模差异较大,生产的产品质量差异亦很大,产品质量差异较大的企业资本配置存量调整和劳动配置存量调整对产品高质量发展的影响会不同。分位数回归不仅可以分析解释变量如何影响被解释变量的期望,还可以分析解释变量对被解释变量完整分布的影响,较之经典的 OLS 方法具有独特的优势,且回归结果比 OLS 更稳健。Borgen(2016)的无条件分位数回归方法能够合并个体固定效应,从而控制所有未观察到的企业特有的时不变特征,在无条件分位数回归(UQR)中,估计结果更稳健。因此,本部分使用 Borgen(2016)的无条件分位数回归方法进行估计。密度估计使用高斯核,带宽使用西尔弗曼最优带宽,重复次数为 50 次。

4.3.1　变量说明与数据来源

4.3.1.1　变量说明

(1)被解释变量产品高质量发展(Qual)。参照已有文献,选取"增长速度""企业盈利""单位能耗产出""出口绩效"四个指标进行测度。增长速度用制造业企业的"销售产值增速"测算;企业盈利采用"主营业务收入利润率"测算;单位能耗产出采用"销售产值/能源消耗"测算;出口绩效采用"出口交货值/企业主营业务收入"测算。除"能源消耗"数据来源于国家统计局网站之外,其余测算数据均来源于中国工业企业微观数据库中 2011—2014 年数据。[①]

由于能源消耗数据只有行业数据,单位能耗产出的测算是将销售产值数据按行业加总得到行业总的销售产值,再用行业总的销售产值除以行业的能源消耗得到的。

由于各指标计量单位不统一,需先将各指标进行标准化处理,再用主成分分析方法确定权重,进行加权合成,最终得到企业产品高质量发展总指标。由于微观工业企业数据量过大,详细测算结果不便列出。

(2)解释变量要素配置存量调整。要素配置存量调整分为资本配置存量调整($Cast$)和劳动配置存量调整($Emst$),分别用企业内部资本和劳动的变动衡量,依据行业平均劳资比率(李治国、唐国兴,2003)测算。

参照李治国和唐国兴(2003)的资本存量调整模型,本书的资本配置存量调整采用 $1/(L_t \cdot K_t^* / L_t^* - K_t)$ 的绝对值测算,劳动配置存量调整采用 $1/(K_t \cdot L_t^* / K_t^* - L_t)$ 的绝对值测算。

其中 K_t^* 和 L_t^* 分别为本年最优资本存量和最优劳动存量,用当年行业平均资本存量和当年行业平均劳动存量测算[②], K_t 和 L_t 分别为企业当年资本存量和劳动存量。

按照上述方法测算的资本配置存量调整和劳动配置存量调整表示的意思是企业中的劳资比越接近于企业自身最优劳资比,企业生产的产品质量越高。

(3)控制变量。为了避免遗漏变量可能带来的影响,在参考已有同类文献(李志远、余淼杰,2013;张杰等,2012)的基础上,选取以下对企业产品高质量发展有重要影响的变量作为控制变量。

①企业平均工资($Wage$)。企业平均工资高,说明企业中高技术工人多,产品质量高。用"企业应付工资总额/从业人数"表示。

②企业年龄(Age)。企业存在时间长短对企业创新有重要影响。新进入企业创新活力会更强,已存在企业更具产品生产经验,但也可能因创新活力不足而影响创新。因此,企业年龄是影响产品高质量发展的一个重要因素。本书

[①]　由于作者暂时能够获得的中国工业企业数据只到 2014 年,故本章所用数据范围为 2011—2014 年。

[②]　遵循大部分文献做法,本书选用当年行业平均资本存量作为企业最优资本存量,选用当年行业平均劳动存量作为企业最优劳动存量。

采用"当年年份－企业开业年份＋1"来表示。

③企业现金流（Cash）。企业现金流越充裕,企业越容易实现产品的高质量发展。采用"企业净利润＋本年折旧"表示企业现金流。

④企业利息支出（Loan）。其值越大,企业面临的融资约束越小,企业融资能力越强,企业越有可能实现产品高质量发展。用企业实际利息支出表示。

⑤实收资本变化率（Paid）。用"本年实收资本减去上年实收资本的差/资产总计"表示。该指标数值越大,说明企业融资约束越小,越有利于企业的产品高质量发展。

文中被解释变量、解释变量及控制变量的定性描述见表4－1。

表4－1　各变量的定性描述

变量类别	符号	含义	度量指标及说明
被解释变量	Qual	产品高质量发展	增长速度
			企业盈利
			单位能耗产出
			出口绩效
解释变量	Cast	资本配置存量调整	（当年劳动存量×当年行业平均资本存量/当年行业平均劳动存量－当年资本存量）绝对值的倒数
	Emst	劳动配置存量调整	（当年资本存量×当年行业平均劳动存量/当年行业平均资本存量－当年劳动存量）绝对值的倒数
控制变量	Wage	企业平均工资	企业应付工资总额/从业人数
	Age	企业年龄	当年年份－企业开业年份＋1
	Cash	企业现金流	企业净利润＋本年折旧
	Loan	企业利息支出	利息支出
	Paid	实收资本变化率	（本年实收资本－上年实收资本）/资产总计

4.3.1.2　数据来源

本章所用数据为中国工业企业数据库中2011—2014年数据。按《国民经济行业分类》（GB/T 4754—2011）标准，选取其中代码为13—43（不含38）的制造业企业作为分析样本。依据已有文献（Brandt，Van Biesebroeck and Zhang，2012；杨汝岱，2015），对数据进行了较为详细的处理，并以1998年为基期，对相关指标进行平减。用地区工业品出厂价格指数对工业总产值平减，固定资产投资价格指数平减固定资产存量。地区工业品出厂价格指数、固定资产投资价格指数均来自于中经网统计数据库。

固定资产存量的核算，采用永续盘存法，根据公式 $I_t = K_t - K_{t-1} + \delta_t$ 进行估算，其中 I_t 为投资，K_t 表示固定资产合计，δ_t 为本年固定资产折旧。

由于变量间数量级差别较大，对所有变量进行标准化处理。标准化处理只会影响模型系数大小，不会改变其显著性和符号，对本书所分析问题无影响。

4.3.2　基础回归结果分析

4.3.2.1　计量经济方程设定

Koenker 和 Bassett（1978）提出的分位数回归方法中，分布的分位数由协变量定义，意味着系数实际上指定了对条件分布的影响，而不是结果变量的无条件分布（Porter，2015）。Firpo 等人（Firpo，Fortin and Lemieux，2009）开发的无条件分位数回归（UQR）中，分位数是预先定义的，不会随着模型中包含的额外协变量的变化而变化，UQR 是一种利用分布统计量的再集中影响函数（Recentered Influence Function，简称为 RIF）进行回归的方法。

UQR 的估计可以通过用 *RIF* 替换 OLS 中的结果变量实现，q_τ 分位数的 *RIF* 方程定义为

$$RIF(Qual;q_\tau,F_{Qual}) = q_\tau + \frac{\tau - I\{Qual \le q_\tau\}}{f_{Qual}(q_\tau)} \tag{4-16}$$

在这里，*Qual* 是被解释变量（产品高质量发展），τ 是特定分位数，q_τ 表示被解释变量在分位数 τ 处的值，F_{Qual} 是 *Qual* 的累积分布函数，$f_{Qual}(q_\tau)$ 表示 *Qual* 在 q_τ 点的密度（通过核方法估计），而 $I\{Qual \le q_\tau\}$ 用来确定被解释变量 *Qual* 的值是否低于 q_τ。

由于 $RIF(Qual;q_\tau,F_{Qual})$ 可以线性地表示为自变量的函数，于是将第一步

得到的 RIF 变量对解释变量资本配置存量调整（ $Cast$ ）、劳动配置存量调整（ $Emst$ ）和控制变量 X 进行 OLS 回归。为了验证本章理论分析所得结论，建立如下计量经济学方程。

$$RIF(Qual_{it};q_\tau,F_{Qual}) = \beta_0 + \beta_1 Cast_{it} + \beta_2 Emst_{it} + \sum_k \varphi_k X_{itk} + \alpha_i + \varepsilon_{it}$$

$$(4-17)$$

其中 i 表示企业个体； t 表示时间； $\beta_j(j=0,1,2)$ 和 φ_k 是回归系数； α_i 表示个体固定效应； ε_{it} 表示误差项； X_{itk} 为控制变量，包括企业平均工资（ $Wage$ ）、企业年龄（ Age ）、企业现金流（ $Cash$ ）、企业利息支出（ $Loan$ ）和实收资本变化率（ $Paid$ ）。

4.3.2.2　基础回归

使用 Borgen（2016）的 UQR 方法估计计量方程（4-17）式，验证结论1是否成立。估计结果见表4-2和表4-3。

表 4-2　要素配置存量调整对产品高质量发展的影响（无控制变量）

	$Q=0.10$	$Q=0.25$	$Q=0.50$	$Q=0.75$	$Q=0.90$
	(1)	(2)	(3)	(4)	(5)
$Cast$	0.010 ***	0.017 **	0.032 *	0.006 **	0.006 **
	(3.20)	(2.43)	(1.75)	(2.41)	(2.46)
$Emst$	0.075 ***	0.060 *	0.009 ***	0.036 **	0.029 **
	(4.25)	(1.73)	(3.32)	(2.52)	(2.01)
常数项	-3.550 ***	-2.388 ***	-1.445 ***	-0.551 ***	-0.325 ***
	(-10.95)	(-11.06)	(-9.33)	(-6.52)	(-3.52)
N	280209	280209	280209	280209	280209
固定效应	有	有	有	有	有

注：括号内数字为 t 值，***、**、* 分别表示在1%、5%、10%显著性水平下拒绝原假设。

表4-3 要素配置存量调整对产品高质量发展的影响(有控制变量)

| | $Q=0.10$ | $Q=0.25$ | $Q=0.50$ | $Q=0.75$ | $Q=0.90$ |
	(1)	(2)	(3)	(4)	(5)
Cast	0.032**	0.029**	0.048**	0.016***	0.013***
	(2.49)	(2.52)	(2.46)	(3.09)	(3.01)
Emst	0.041***	0.045***	0.004***	0.034**	0.022**
	(3.38)	(3.06)	(5.96)	(2.10)	(2.34)
Wage	0.994**	0.842**	0.296**	0.247***	0.222**
	(2.31)	(2.26)	(2.63)	(3.15)	(2.37)
Age	−0.005*	−0.004	−0.084	0.008	0.019
	(−1.74)	(−0.64)	(−1.23)	(1.02)	(1.29)
Cash	1.227**	0.582*	0.749***	0.028**	0.088*
	(2.42)	(1.83)	(4.62)	(2.34)	(1.90)
Loan	0.002	0.204	0.067***	0.054***	0.051**
	(1.03)	(1.19)	(3.37)	(3.36)	(2.62)
Paid	−4.020	−1.309	−2.904	−4.583***	−7.379***
	(−0.84)	(−1.09)	(−1.64)	(−3.28)	(−4.00)
常数项	−3.470***	−2.356***	−1.577***	−0.557***	−0.305***
	(−8.76)	(−10.03)	(−8.80)	(−5.35)	(−2.78)
N	280209	280209	280209	280209	280209
固定效应	有	有	有	有	有

注:括号内数字为 t 值,***、**、*分别表示在1%、5%、10%显著性水平下拒绝原假设。

表4-2是无控制变量估计结果,表4-3是加入控制变量后的估计结果。限于篇幅,只给出0.10、0.25、0.50、0.75和0.90五个分位点上估计结果。①

从表4-2的第一行可以看出,在没有加入控制变量的回归中,不同产品质量的企业资本配置存量调整(*Cast*)对产品高质量发展(*Qual*)的影响在10%的显著性水平下显著为正。说明资本配置存量调整的"挤入效应"大于"挤出效

———————————

① 本章所有的分位数回归结果皆为0.10、0.25、0.50、0.75和0.90五个分位点上结果。

应",资本配置存量调整能够促进产品高质量发展。从表4-2的第二行可以看出,在没有加入控制变量的回归中,不同产品质量的企业劳动配置存量调整($Emst$)对产品高质量发展($Qual$)的影响在10%的显著性水平下显著为正。说明流向生产部门的劳动大于流向寻租部门的劳动,劳动配置存量调整促进了产品高质量发展。这初步验证了结论1的成立。因此,表4-2的结果表明不同产品质量的企业资本配置存量调整和劳动配置存量调整均能够促进产品高质量发展。

从表4-3的第一行可以看出,加入控制变量后,不同产品质量的企业资本配置存量调整($Cast$)对产品高质量发展($Qual$)的影响在5%的显著性水平下显著为正,与没有控制变量情况相比,显著性水平有所提高。从表4-3的第二行可以看出,加入控制变量后,不同产品质量的企业劳动配置存量调整($Emst$)对产品高质量发展($Qual$)的影响在5%的显著性水平下显著为正,与没有控制变量情况相比,显著性水平也有所提高。即不同产品质量的企业资本配置存量调整和劳动配置存量调整均能够促进产品高质量发展。说明结论1成立。

在控制变量方面,企业平均工资 $Wage$ 对产品高质量发展 $Qual$ 的影响显著为正,与本书预期一致。即企业平均工资与产品高质量发展正相关。企业年龄 Age 对产品高质量发展 $Qual$ 的影响不是很显著,而且系数符号有正有负。低分位点上系数符号为负,高分位点上系数符号为正。说明产品质量位于低分位点上的企业,企业年龄越小,企业的产品高质量发展情况越好。这可能是因为产品质量位于低分位点上的新加入企业创新活力更强,表现出企业年龄越小,产品质量越高。而产品质量位于高分位点上的企业表现为,企业年龄越大,产品生产质量越高。这可能是因为,产品质量位于高分位点上的企业生产经验更丰富,丰富的生产经验更有利于产品的高质量发展。企业现金流 $Cash$ 对产品高质量发展 $Qual$ 的影响在10%的显著性水平下显著为正,与预期一致。产品质量位于低分位点上的企业利息支出 $Loan$ 对产品高质量发展 $Qual$ 的影响不显著,但系数符号为正,说明产品质量位于低分位点上的企业利息支出 $Loan$ 与产品高质量发展 $Qual$ 正相关。产品质量位于高分位点上的企业利息支出 $Loan$ 对产品高质量发展 $Qual$ 的影响在5%的显著性水平下显著为正,与预期一致。实收资本变化率 $Paid$ 对产品质量位于低分位点上企业的产品高质量发展 $Qual$ 的影响不显著,对产品质量位于高分位点上企业的产品高质量发展 *Qual* 的影响在 1% 的显著性水平下显著为负。出现这种现象可能与我国资本市场发育的不完善有关。因此,控制变量对产品高质量发展的影响基本上与理论预期一致。

4.3.2.3　内生性说明

回归方程中若有双向因果关系出现,将会导致严重的内生性问题。要素配置存量调整和产品高质量发展之间可能具有双向因果关系,即越是那些生产高质量产品的企业越是有可能调整其要素配置存量。另外,在建模过程中不可避免地会有遗漏变量,遗漏变量同样也会造成内生性问题。为了解决内生性问题对回归结果的可能影响,应采用工具变量法进行回归分析。

滞后一期的资本配置存量调整与当期的资本配置存量调整高度相关,而与随机干扰项一般不存在同期相关性,故滞后一期的资本配置存量调整可作为当期的资本配置存量调整的工具变量;同理,滞后一期的劳动配置存量调整可作为当期劳动配置存量调整的工具变量。采用滞后一期的资本配置存量调整和滞后一期的劳动配置存量调整作为工具变量的回归结果见表 4 - 4 和表 4 - 5。

表 4 - 4　工具变量回归结果(无控制变量)

	$Q = 0.10$	$Q = 0.25$	$Q = 0.50$	$Q = 0.75$	$Q = 0.90$
	(1)	(2)	(3)	(4)	(5)
Cast	0.185 *	0.148 ***	0.141 **	0.021 ***	0.009 **
	(1.77)	(3.52)	(2.37)	(3.73)	(2.25)
Emst	0.022 **	0.132 *	0.249 ***	0.104 **	0.150 ***
	(2.25)	(1.93)	(3.56)	(2.59)	(3.70)
常数项	- 2.060 ***	- 0.687 *	0.780 **	0.146	0.471 **
	(- 4.60)	(- 1.82)	(2.25)	(0.91)	(2.51)
N	210156	210156	210156	210156	210156
固定效应	有	有	有	有	有

注:括号内数字为 *t* 值,***、**、* 分别表示在 1%、5%、10% 显著性水平下拒绝原假设。

表4-5　工具变量回归结果(有控制变量)

	$Q=0.10$	$Q=0.25$	$Q=0.50$	$Q=0.75$	$Q=0.90$
	(1)	(2)	(3)	(4)	(5)
Cast	0.072**	0.078***	0.071**	0.016***	0.015**
	(2.65)	(3.22)	(2.24)	(3.55)	(2.35)
Emst	0.096*	0.005**	0.131*	0.010***	0.090**
	(1.73)	(2.06)	(1.84)	(3.21)	(2.32)
Wage	4.371**	1.634*	0.581***	0.843**	0.399
	(2.49)	(1.84)	(3.33)	(2.21)	(0.49)
Age	-5.689	-4.069**	-4.068***	2.309***	-1.837**
	(-1.50)	(-2.60)	(-2.65)	(2.87)	(-2.19)
Cash	20.120*	1.956*	0.725**	0.100	0.311*
	(1.96)	(1.94)	(2.64)	(0.23)	(1.88)
Loan	0.370***	0.151**	0.386	0.118**	0.079***
	(3.15)	(2.16)	(0.71)	(2.32)	(3.16)
Paid	-5.291	0.741	-0.109*	-2.855***	-0.137
	(-1.39)	(0.36)	(-1.97)	(-3.98)	(-0.94)
常数项	-3.196	-1.639	-0.052	-0.374	0.098
	(-0.35)	(-0.32)	(-0.92)	(-0.11)	(0.75)
N	210156	210156	210156	210156	210156
固定效应	有	有	有	有	有

注:括号内数字为 t 值, ***、**、* 分别表示在1%、5%、10%显著性水平下拒绝原假设。

表4-4是没有加入控制变量的工具变量回归结果。从表4-4中可见,不同产品质量的企业资本配置存量调整和劳动配置存量调整的系数在5%的显著性水平下均显著为正,与表4-2中资本配置存量调整和劳动配置存量调整的系数符号和显著性一致。说明不同产品质量的企业资本配置存量调整和劳动配置存量调整能够促进产品高质量发展。

表4-5为加入控制变量后的工具变量回归结果。从表4-5中可见,不同产品质量的企业资本配置存量调整和劳动配置存量调整的系数在10%的显著

性水平下均显著为正,与表 4 - 3 中资本配置存量调整和劳动配置存量调整的系数符号和显著性一致。各控制变量的符号和显著性也基本与表 4 - 3 中相应控制变量的符号和显著性一致。

因此,工具变量回归结果与初步回归结果一致。不同产品质量的企业资本配置存量调整和劳动配置存量调整均对产品高质量发展具有显著的促进作用。

4.3.2.4　稳健性检验

为了验证经验回归结果的可靠性,本章分别采用 OLS 回归方法和一般面板数据分位数回归方法进行了稳健性检验,结果均与经验回归高度一致。

(1)OLS 回归的方法。OLS 方法是非常经典的回归方法,采用 OLS 方法可以验证 UQR 估计所得结果的稳健性。若 OLS 回归所得解释变量回归系数与 UQR 回归所得解释变量回归系数的符号和显著性基本一致,就可说明 UQR 回归结果具有稳健性。采用 OLS 回归所得估计结果见表 4 - 6。

表 4 - 6　OLS 回归的稳健性检验

	系数	Z 值	系数	Z 值
	(1)	(2)	(3)	(4)
Cast	0.021 **	2.35	0.026 ***	2.90
Emst	0.057 ***	6.31	0.051 ***	5.60
Wage			0.042 **	2.06
Age			0.002	0.88
Cash			0.003	0.47
Loan			0.041 ***	3.85
Paid			- 3.482 ***	- 6.28
常数项	- 1.659 ***	- 28.50	- 1.631 ***	- 27.83
N	280209	280209	280209	280209
固定效应	有	有	有	有

注:***、**、* 分别表示在 1%、5%、10% 显著性水平下拒绝原假设。

表 4 - 6 中第(1)列和第(2)列是无控制变量的 OLS 回归结果。资本配置

存量调整前的系数在5%的显著性水平下显著为正,劳动配置存量调整前的系数在1%的显著性水平下显著为正,说明资本配置存量调整和劳动配置存量调整对产品高质量发展均具有显著的促进作用。

表4-6中第(3)列和第(4)列是加入控制变量后的OLS回归结果。资本配置存量调整前的系数和劳动配置存量调整前的系数在1%的显著性水平下显著为正,再一次说明资本配置存量调整和劳动配置存量调整对产品高质量发展均具有显著的促进作用。

各控制变量前的回归系数符号和显著性也基本上与表4-3结果一致。因此,OLS结果表明,经验回归估计结果是稳健的。

(2)一般面板数据分位数回归的方法。因为本章所用数据为面板数据,估计方法为面板数据的UQR方法,所以采用一般面板数据分位数回归方法再次进行稳健性检验。所得结果如表4-7和表4-8所示。

表4-7　一般面板数据分位数回归的稳健性检验(无控制变量)

	$Q = 0.10$	$Q = 0.25$	$Q = 0.50$	$Q = 0.75$	$Q = 0.90$
	(1)	(2)	(3)	(4)	(5)
Cast	0.057**	0.048***	0.072***	0.030***	0.004*
	(2.58)	(2.71)	(7.18)	(5.26)	(1.71)
Emst	0.051**	0.071***	0.057***	0.025***	0.032***
	(2.53)	(3.74)	(3.40)	(2.82)	(6.12)
常数项	-3.208***	-2.269***	-1.084***	-0.385***	-0.312***
	(-13.52)	(-16.06)	(-11.10)	(-7.79)	(-9.74)
N	280209	280209	280209	280209	280209
固定效应	有	有	有	有	有

注:括号内数字为 t 值,***、**、* 分别表示在1%、5%、10%显著性水平下拒绝原假设。

表 4 - 8　一般面板数据分位数回归的稳健性检验（有控制变量）

	$Q=0.10$	$Q=0.25$	$Q=0.50$	$Q=0.75$	$Q=0.90$
	(1)	(2)	(3)	(4)	(5)
Cast	0.063***	0.058***	0.072***	0.032***	0.001**
	(3.38)	(5.52)	(6.89)	(4.57)	(2.57)
Emst	0.048***	0.063***	0.049***	0.018**	0.023***
	(2.82)	(3.59)	(3.04)	(2.46)	(4.08)
Wage	0.068	0.156**	0.060*	0.028**	0.082***
	(0.66)	(2.43)	(1.90)	(2.83)	(3.54)
Age	0.017	-0.008	0.001*	-0.001	-0.011
	(0.73)	(-0.49)	(1.94)	(-1.24)	(-0.95)
Cash	0.010***	0.017**	0.019	0.018**	0.136***
	(3.23)	(2.30)	(1.50)	(2.45)	(2.80)
Loan	0.089	0.048	0.041**	0.044***	0.002
	(1.21)	(1.49)	(2.13)	(2.92)	(0.96)
Paid	-5.825***	-5.441***	-5.416***	-2.123***	-2.013***
	(-5.19)	(-5.02)	(-12.06)	(-4.76)	(-4.87)
常数项	-3.182***	-2.215***	-1.084***	-0.367***	-0.274***
	(-32.14)	(-28.17)	(-14.31)	(-7.91)	(-11.69)
N	280209	280209	280209	280209	280209
固定效应	有	有	有	有	有

注:括号内数字为 t 值, ***、**、* 分别表示在 1%、5%、10% 显著性水平下拒绝原假设。

　　表 4 - 7 为没有加入控制变量的一般面板数据分位数回归结果。由表 4 - 7 可知,不同产品质量的企业资本配置存量调整前的回归系数在 10% 的显著性水平下均显著为正,劳动配置存量调整前的回归系数在 5% 的显著性水平下均显著为正,说明不同产品质量的企业资本配置存量调整和劳动配置存量调整均能够促进产品高质量发展。这与经验回归所得结果一致。

　　表 4 - 8 为加入控制变量后的一般面板数据分位数回归结果。由表 4 - 8 可知,不同产品质量的企业资本配置存量调整前的回归系数和劳动配置存量调整前的回归系数均在 5% 的显著性水平下显著为正,说明不同产品质量的企业

资本配置存量调整和劳动配置存量调整均能够促进产品高质量发展。

表4-8中各控制变量前的系数符号和显著性也与经验回归结果基本一致。

综上,OLS 回归结果和一般面板数据分位数回归结果均表明,采用 Borgen (2016)的无条件分位数回归方法(UQR)估计的结果是稳健的,所得结论是可靠的。资本配置存量调整的"挤入效应"大于"挤出效应",资本配置存量调整能够促进产品高质量发展;流向生产部门的劳动大于流向寻租部门的劳动,劳动配置存量调整促进了产品高质量发展。不同产品质量的企业资本配置存量调整和劳动配置存量调整均对产品高质量发展有促进作用,结论1得证。

4.3.3　异质性探讨

为进一步分析要素配置存量调整对产品高质量发展的影响机制,本章按所有制结构、行业类型及地理区位划分企业样本,并进行比较分析。

4.3.3.1　分所有制

我国制造业企业可分为国有企业和非国有企业两大类。国有企业生产经营的目的并不是完全追求自身利益最大化,这就导致国有企业和非国有企业在生产高质量产品方面的表现有所不同。因此,有必要对国有企业和非国有企业进行分类讨论。

现有文献在判断企业的所有制类型时通常采用两种方式。一种是企业在工商局登记注册时的类型,一种是企业当时的真实控股类型。根据聂辉华、江艇、杨汝岱(2012)的研究,企业当时的真实控股比例更能及时反映企业的所有制类型。因此,本章根据实收资本比例定义企业所有制类型。将制造业企业按所有制类型分为国有企业和非国有企业两大类。在实收资本中,若国家资本比例超过50%,则认为该企业为国有企业,否则为非国有企业。

(1)国有企业。通过对国有企业数据进行 Borgen(2016)的 UQR 回归,可得国有企业要素配置存量调整对产品高质量发展的影响。国有企业的 UQR 回归结果见表4-9。

表 4 - 9　国有企业要素配置存量调整对产品高质量发展的影响

	$Q = 0.10$	$Q = 0.25$	$Q = 0.50$	$Q = 0.75$	$Q = 0.90$
	(1)	(2)	(3)	(4)	(5)
Cast	0.433*	0.564**	0.047	0.030	0.039
	(1.85)	(2.62)	(1.15)	(1.13)	(0.86)
Emst	0.123**	1.070*	0.148**	0.383*	0.082
	(2.01)	(1.79)	(2.32)	(1.73)	(1.46)
Wage	-1.032**	-1.630	4.331	-1.656*	-0.056
	(-2.43)	(-0.28)	(0.26)	(-1.87)	(0.73)
Age	-3.012	-4.687**	1.056*	-3.737	0.854
	(0.65)	(2.02)	(1.98)	(-0.63)	(0.75)
Cash	-2.137	-2.915	-2.509	-1.285***	1.734**
	(-0.97)	(-0.34)	(-0.94)	(-3.85)	(2.19)
Loan	-4.201**	-4.064**	-3.328**	-0.918	3.171
	(-2.05)	(-2.11)	(-2.31)	(0.75)	(0.89)
Paid	-2.141	-1.525	1.912	-1.074*	14.029***
	(0.72)	(-0.91)	(0.82)	(1.94)	(3.90)
常数项	-1.064***	3.081*	5.970**	0.280***	-5.698***
	(-2.41)	(1.96)	(2.69)	(2.99)	(-4.25)
N	6008	6008	6008	6008	6008
固定效应	有	有	有	有	有

注:括号内数字为 t 值, ***、**、* 分别表示在 1%、5%、10% 显著性水平下拒绝原假设。

从表 4 - 9 可以看出,在国有企业中,产品质量水平位于 0.50 分位点以下的企业资本配置存量调整对产品高质量发展的影响在 10% 的显著性水平下显著为正。而产品质量水平位于 0.50 分位点以上的企业资本配置存量调整对产品高质量发展的影响并不显著。产品质量位于 0.90 分位点以下的企业劳动配置存量调整对产品高质量发展的影响在 10% 的显著性水平下显著为正,而产品质量位于 0.90 分位点以上的企业劳动配置存量调整对产品高质量发展的影响不显著。出现这种现象的原因可能是:一方面,国有企业具有特殊地位,获取资本相对容易,很少存在融资约束问题,导致产品质量位于高分位点上的企业资本配置存量变化对产品高质量发展影响不显著;另一方面,国有企业规模较大,生产效率较低,产品质量位于高分位点上的企业本身生产的产品质量较高,资本配置存量调整和劳动配置存量调整对产品高质量发展的影响很小。

(2)非国有企业。非国有企业要素配置存量调整对产品高质量发展的影响见表4-10。

表4-10 非国有企业要素配置存量调整对产品高质量发展的影响

	$Q = 0.10$	$Q = 0.25$	$Q = 0.50$	$Q = 0.75$	$Q = 0.90$
	(1)	(2)	(3)	(4)	(5)
Cast	0.025 **	0.030 *	0.042 **	0.051 ***	0.010 *
	(2.64)	(1.86)	(2.54)	(3.09)	(1.79)
Emst	0.054 *	0.046 **	0.001 ***	0.036 **	0.020 **
	(1.85)	(2.10)	(3.16)	(2.16)	(2.27)
Wage	2.042 **	0.871 **	0.265	0.256	− 0.227
	(2.48)	(2.00)	(0.66)	(1.22)	(− 1.33)
Age	− 0.004	− 0.002	0.083 **	0.001	− 0.056
	(− 0.98)	(− 0.58)	(2.30)	(1.43)	(− 0.57)
Cash	1.241 ***	0.615 **	0.792 ***	0.020	0.073 ***
	(2.66)	(2.07)	(4.11)	(0.87)	(3.18)
Loan	− 0.128	0.200	0.046 *	0.103 *	0.018 **
	(− 0.49)	(1.09)	(1.82)	(1.89)	(2.77)
Paid	− 4.289	− 1.282	− 3.316 **	− 4.267 ***	− 7.184 ***
	(− 0.92)	(− 0.65)	(− 2.25)	(− 3.54)	(− 4.81)
常数项	− 3.515 ***	− 2.334 ***	− 1.519 ***	− 0.566 ***	− 0.283 ***
	(− 10.19)	(− 5.87)	(− 7.81)	(− 5.97)	(− 3.00)
N	135359	135359	135359	135359	135359
固定效应	有	有	有	有	有

注:括号内数字为 t 值,***、**、* 分别表示在1%、5%、10%显著性水平下拒绝原假设。

　　从表 4-10 可以看出,在非国有企业中,不同产品质量的企业资本配置存量调整和劳动配置存量调整对产品高质量发展的影响在 10% 的显著性水平下均显著为正。即在非国有企业中,不同产品质量的企业资本配置存量调整和劳动配置存量调整均对产品高质量发展有促进作用。

　　综上,不同所有制企业中,资本配置存量调整和劳动配置存量调整对产品高质量发展的影响具有异质性。结论 2 成立。

　　国有企业和非国有企业中,不同产品质量的企业资本配置存量调整和劳动配置存量调整对产品高质量发展影响表现出的这种异质性,可能是因为国有企业不仅是进行市场化经营的经济组织,还是政府进行宏观调控的载体,既具有经济职能,又具有政治职能。不同产品质量的企业具有不同职能,致使产品质量位于低分位点上企业资本配置存量调整和劳动配置存量调整对产品高质量发展具有正向影响,而产品质量位于高分位点上企业资本配置存量调整和劳动配置存量调整对产品高质量发展影响不显著。非国有企业生产经营的目的只具有经济目标,这就导致了不同产品质量的企业资本配置存量调整和劳动配置存量调整对产品高质量发展均具有正向影响。

4.3.3.2　分行业

　　在前面的分析中,假设所有类型规模以上制造业企业的要素配置存量调整对产品高质量发展的影响都相同,但实际上,在不同行业的制造业企业中,由于不同类型企业对要素配置存量调整的能力不同,企业的要素配置存量调整对产品高质量发展的影响可能会有差异。因此,本章将制造业企业按所属行业分为资本密集型、劳动密集型和技术密集型三大类①,并分别讨论各行业中要素配置存量调整对产品高质量发展的影响。

(1)资本密集型行业。资本密集型行业中资本配置存量调整和劳动配置存量调整对产品高质量发展的影响见表4-11。

表4-11　资本密集型企业的要素配置存量调整对产品高质量发展的影响

| | $Q=0.10$ | $Q=0.25$ | $Q=0.50$ | $Q=0.75$ | $Q=0.90$ |
	(1)	(2)	(3)	(4)	(5)
Cast	0.063*	0.058**	0.078*	0.035	0.032
	(1.82)	(2.04)	(1.78)	(0.94)	(1.13)
Emst	0.094**	0.100**	0.077*	0.090*	0.005**
	(2.09)	(2.19)	(1.82)	(1.67)	(2.53)
Wage	4.688***	1.315*	0.039***	0.366	0.087***
	(2.90)	(1.66)	(3.64)	(0.68)	(4.28)
Age	−0.008	0.005	0.080*	0.005	0.002
	(−0.93)	(0.68)	(1.91)	(0.26)	(0.68)
Cash	1.689***	0.798**	1.024**	0.428**	0.079***
	(2.98)	(2.45)	(2.32)	(2.35)	(3.63)
Loan	0.231**	0.335***	0.097	0.017**	0.054***
	(2.53)	(3.04)	(0.39)	(2.39)	(4.33)

---

① 以中国《国民经济行业分类》(GB/T 4754—2011)为基础,参考 OECD(经济合作与发展组织)对制造业技术层次的划分方法,将中国工业企业按要素密集类型分为资本密集型行业、技术密集型行业和劳动密集型行业。资本密集型行业指的是需要较多的资本投入,在生产中资金占比较大的行业,包括造纸、印刷、化工业、橡胶和塑料制品、石油加工炼焦及核燃料加工业、非金属矿物制品业以及基本金属制品等。技术密集型行业是介于劳动密集型和资本密集型之间的一种经济类型的行业,属于高技术行业部门。其特点是单位劳动力占用资金比劳动密集型行业多,比资本密集型行业少。包括飞机、航空、医药、计算机、加工机械、通信设备及精密仪器仪表、电动机械及器材、汽车、化工(不含医药)、铁路运输设备等。劳动密集型行业指的是产品附加值低而人力耗费多的行业。包括木材、食品、饮料、烟草、纺织、服装、皮革、鞋帽等。

续表

	$Q=0.10$	$Q=0.25$	$Q=0.50$	$Q=0.75$	$Q=0.90$
	(1)	(2)	(3)	(4)	(5)
Paid	−7.013	−4.790	−6.564 **	−0.248	−6.132 **
	(−0.52)	(−1.26)	(−2.20)	(−0.10)	(−2.48)
常数项	−3.614 ***	−3.194 ***	−2.295 ***	−1.272 ***	−0.392 *
	(−5.97)	(−7.75)	(−6.73)	(−4.65)	(−1.73)
N	115332	115332	115332	115332	115332
固定效应	有	有	有	有	有

注:括号内数字为 t 值,*** 、** 、* 分别表示在1%、5%、10%显著性水平下拒绝原假设。

从表4-11可以看出,在资本密集型行业中,产品质量位于0.50分位点以下的企业资本配置存量调整对产品高质量发展的影响在10%的显著性水平下显著为正。质量水平位于0.50分位点以上的企业资本配置存量调整对产品高质量发展的影响不显著。不同产品质量的企业劳动配置存量调整对产品高质量发展的影响在10%的显著性水平下显著为正。

(2)劳动密集型行业。劳动密集型行业中不同产品质量的企业资本配置存量调整和劳动配置存量调整对产品高质量发展的影响见表4-12。

表4-12　劳动密集型企业的要素配置存量调整对产品高质量发展的影响

	$Q=0.10$	$Q=0.25$	$Q=0.50$	$Q=0.75$	$Q=0.90$
	(1)	(2)	(3)	(4)	(5)
Cast	0.067 **	0.004 **	0.043 **	0.105 ***	0.036 **
	(2.47)	(2.08)	(2.75)	(2.79)	(2.00)
Emst	0.039	0.140	0.129	0.140	0.060
	(0.32)	(1.27)	(0.81)	(1.25)	(0.74)
Wage	0.663 **	0.502 **	0.488 ***	0.342 *	0.599 **
	(2.37)	(2.59)	(3.54)	(1.83)	(2.56)
Age	−0.059	0.024 *	−0.012	−0.016 **	0.029 *
	(−0.98)	(1.94)	(−0.79)	(−2.47)	(1.73)

续表

	$Q=0.10$	$Q=0.25$	$Q=0.50$	$Q=0.75$	$Q=0.90$
	(1)	(2)	(3)	(4)	(5)
Cash	5.159 ***	2.273 *	1.826	0.969 **	0.481 ***
	(3.16)	(1.88)	(1.59)	(2.36)	(4.16)
Loan	0.538 **	0.098	0.253 **	0.543 ***	0.343
	(2.35)	(0.34)	(2.26)	(4.33)	(1.25)
Paid	3.687 **	6.072 ***	4.429 **	0.108 **	3.637 **
	(2.51)	(3.55)	(2.30)	(2.03)	(2.33)
常数项	-3.401 ***	-3.172 ***	-1.683 *	-0.515	-0.313
	(-2.95)	(-5.13)	(-1.90)	(-1.07)	(-1.09)
N	56804	56804	56804	56804	56804
固定效应	有	有	有	有	有

注:括号内数字为 t 值,*** 、** 、* 分别表示在 1% 、5% 、10% 显著性水平下拒绝原假设。

从表 4-12 可以看出,在劳动密集型行业中,不同产品质量的企业资本配置存量调整对产品高质量发展的影响在 5% 的显著性水平下显著为正。不同产品质量的企业劳动配置存量调整对产品高质量发展的影响均不显著。

(3)技术密集型行业。技术密集型行业中,不同产品质量的企业资本配置存量调整和劳动配置存量调整对产品高质量发展的影响见表 4-13。

表 4-13　技术密集型企业的要素配置存量调整对产品高质量发展的影响

	$Q=0.10$	$Q=0.25$	$Q=0.50$	$Q=0.75$	$Q=0.90$
	(1)	(2)	(3)	(4)	(5)
Cast	0.004 ***	0.003 ***	0.032 **	0.054 **	0.075 ***
	(3.04)	(4.52)	(2.75)	(2.43)	(3.02)
Emst	0.114 **	0.034 **	0.040 *	0.001	0.039
	(2.10)	(2.19)	(1.98)	(0.27)	(1.37)
Wage	2.633 **	0.452 *	0.620 ***	0.340 **	0.204 ***
	(2.05)	(1.68)	(3.20)	(2.46)	(3.80)

续表

	$Q=0.10$	$Q=0.25$	$Q=0.50$	$Q=0.75$	$Q=0.90$
	(1)	(2)	(3)	(4)	(5)
Age	−0.817**	−5.940	−0.103	−0.037	−0.116
	(−2.45)	(−0.35)	(0.61)	(0.44)	(−0.28)
Cash	0.432*	0.789***	0.067***	0.007***	0.013***
	(1.85)	(2.99)	(3.38)	(2.97)	(5.11)
Loan	0.185**	0.208***	0.164***	0.003**	−0.156
	(2.62)	(3.72)	(3.58)	(2.22)	(−1.58)
Paid	−0.270	−5.435	−6.687**	−6.476**	−8.746***
	(−0.36)	(−1.63)	(−2.49)	(−2.06)	(−3.81)
常数项	−3.607***	−2.461**	−0.922	−0.620	−0.636
	(−3.87)	(−2.55)	(−1.04)	(−1.15)	(−1.53)
N	36763	36763	36763	36763	36763
固定效应	有	有	有	有	有

注:括号内数字为 t 值,***、**、*分别表示在1%、5%、10%显著性水平下拒绝原假设。

从表4−13可以看出,在技术密集型行业中,不同产品质量的企业资本配置存量调整对产品高质量发展的影响在5%的显著性水平下显著为正。产品质量水平位于0.50分位点以下的企业劳动配置存量调整对产品高质量发展的影响在10%的显著性水平下显著为正,产品质量水平位于0.50分位点以上的企业劳动配置存量调整对产品高质量发展的影响不显著。

通过分行业讨论可知,要素配置存量调整对产品高质量发展的影响具有行业异质性,结论3成立。在资本密集型行业中,产品质量位于低分位点上的企业资本配置存量调整对产品高质量发展的影响显著为正,产品质量位于高分位点上的企业资本配置存量调整对产品高质量发展的影响不显著。不同产品质量的企业劳动配置存量调整对产品高质量发展具有正向影响。在劳动密集型行业和技术密集型行业中,不同产品质量的企业资本配置存量调整对产品高质量发展具有正向影响。在劳动密集型行业中,不同产品质量的企业劳动配置存量调整对产品高质量发展的影响均不显著。在技术密集型行业中,产品质量位于低分位点上的企业劳动配置存量调整对产品高质量发展的影响显著为正,产品质量位于高分位点上的企业劳动配置存量调整对产品高质量发展的影响不显著。

资本密集型行业中,产品质量位于高分位点上的企业资本配置存量调整对产品高质量发展的影响不显著。这可能是因为产品质量位于高分位点上的企业本身生产的产品质量较高,资本配置存量调整同样的幅度,产品质量提升的幅度较小,从而表现出资本配置存量调整对产品高质量发展的影响不显著。劳动密集型行业中,不同产品质量的企业劳动配置存量调整对产品高质量发展的影响均不显著。这可能是因为劳动密集型行业属于较低层次的经营形态,与较落后的生产力和较低下的劳动力再生产相联系。与资本密集型行业相比较,劳动密集型行业属于低附加值的生产活动,增值能力有限,从而表现出劳动配置存量调整对产品高质量发展的影响不显著。技术密集型行业中,产品质量位于高分位点上的企业劳动配置存量调整对产品高质量发展的影响不显著。这是因为,技术密集型行业中,产品质量位于高分位点上的企业生产的产品一般是高精尖的产品,而生产高精尖产品的劳动者都是非常专业的高技术人才,一般不会流向寻租部门,而从其他部门流入技术密集型企业的高技术人才数量也不会很大。故技术密集型行业中劳动配置存量调整的幅度较小,对产品高质量发展影响表现出不显著。

4.3.3.3 分地区

我国东中西部地区①经济发展差异较大。东部地区经济发展水平较高,中部地区经济次发达,西部地区经济欠发达,这会导致各地区对资源配置的能力不同,从而影响各地区企业的产品高质量发展。因此,有必要分地区讨论要素配置存量调整对产品高质量发展的影响。

(1)东部地区。东部地区不同产品质量的企业资本配置存量调整和劳动配置存量调整对产品高质量发展的影响见表4-14。

---

① 参照《非金融企业杠杆偏离对企业效率的影响》(陶长琪、徐冬梅,2020),本书的区域划分如下:东部地区包括北京、天津、河北、辽宁、山东、上海、江苏、浙江、福建、广东、海南;中部地区包括山西、内蒙古、吉林、黑龙江、安徽、江西、河南、湖北、湖南;西部地区包括广西、云南、贵州、四川、重庆、西藏、陕西、甘肃、宁夏、青海、新疆。

表 4 - 14　东部地区企业的要素配置存量调整对产品高质量发展的影响

	$Q=0.10$	$Q=0.25$	$Q=0.50$	$Q=0.75$	$Q=0.90$
	(1)	(2)	(3)	(4)	(5)
Cast	0.036**	0.020**	0.031**	0.003**	0.013**
	(2.50)	(2.68)	(2.48)	(2.33)	(2.00)
Emst	0.091*	0.012***	0.004***	0.025**	0.021**
	(1.89)	(5.06)	(4.21)	(2.49)	(2.12)
Wage	2.340**	0.789*	0.211	0.193*	0.248
	(2.30)	(1.88)	(0.40)	(1.83)	(1.24)
Age	-0.003***	-0.004**	0.083	-0.002	-0.032
	(-3.01)	(-2.24)	(0.29)	(-0.73)	(-0.99)
Cash	1.149**	0.622**	0.615***	0.050***	0.088***
	(2.05)	(2.10)	(4.10)	(3.42)	(2.94)
Loan	0.032**	0.216***	0.154*	0.009**	0.066*
	(2.13)	(3.36)	(1.82)	(2.07)	(1.79)
Paid	-2.866	-0.713***	-2.574	-5.142***	-6.229***
	(-0.78)	(-3.27)	(-1.39)	(-3.42)	(-3.71)
常数项	-3.595***	-2.200***	-1.384***	-0.464***	-0.292***
	(-10.32)	(-8.07)	(-8.43)	(-5.06)	(-3.18)
N	248808	248808	248808	248808	248808
固定效应	有	有	有	有	有

注:括号内数字为 t 值, ***、**、* 分别表示在 1%、5%、10% 显著性水平下拒绝原假设。

从表 4 - 14 可以看出,在东部地区,不同产品质量的企业资本配置存量调整对产品高质量发展的影响在 5% 的显著性水平下显著为正,不同产品质量的企业劳动配置存量调整对产品高质量发展的影响在 10% 的显著性水平下显著为正。

(2)中部地区。中部地区不同产品质量的企业资本配置存量调整和劳动配置存量调整对产品高质量发展的影响见表 4 - 15。

表 4 – 15 中部地区企业的要素配置存量调整对产品高质量发展的影响

	$Q=0.10$	$Q=0.25$	$Q=0.50$	$Q=0.75$	$Q=0.90$
	(1)	(2)	(3)	(4)	(5)
Cast	0.032	0.029	0.048	0.011	0.013
	(1.59)	(0.80)	(0.46)	(1.09)	(0.78)
Emst	0.041 **	0.045 **	0.002 ***	0.034 **	0.022 **
	(2.62)	(2.06)	(3.01)	(2.10)	(2.34)
Wage	1.994 **	0.842 **	0.296	0.247 ***	0.222 ***
	(2.31)	(2.26)	(1.63)	(4.15)	(3.37)
Age	−0.005	−0.004	0.084 **	0.083	−0.004
	(−1.02)	(−0.95)	(2.23)	(1.02)	(1.35)
Cash	1.227 **	0.582 *	0.749 ***	0.028 ***	0.088 ***
	(2.42)	(1.83)	(4.62)	(3.21)	(4.90)
Loan	0.002	0.204 ***	0.067 **	0.054 ***	0.051
	(0.98)	(3.19)	(2.37)	(4.36)	(0.62)
Paid	−4.020 *	−1.309	−2.904 *	−4.583 ***	−7.379 ***
	(1.84)	(1.09)	(−1.74)	(−3.28)	(−4.00)
常数项	−3.469 ***	−2.356 ***	−1.577 ***	−0.557 ***	−0.305 ***
	(−8.76)	(−10.03)	(−8.80)	(−5.35)	(−2.78)
N	26115	26115	26115	26115	26115
固定效应	有	有	有	有	有

注:括号内数字为 t 值, ***、**、* 分别表示在 1%、5%、10% 显著性水平下拒绝原假设。

从表 4 – 15 可以看出,在中部地区,不同产品质量的企业资本配置存量调整对产品高质量发展的影响即使是在 10% 的显著性水平下仍然不显著,不同产品质量的企业劳动配置存量调整对产品高质量发展的影响在 5% 的显著性水平下显著为正。

(3)西部地区。西部地区不同产品质量的企业资本配置存量调整和劳动配置存量调整对产品高质量发展的影响见表 4 – 16。

表4-16　西部地区企业的要素配置存量调整对产品高质量发展的影响

	Q = 0.10	Q = 0.25	Q = 0.50	Q = 0.75	Q = 0.90
	(1)	(2)	(3)	(4)	(5)
Cast	0.123 ***	0.404 ***	0.711 **	0.142 **	0.390 ***
	(2.99)	(3.44)	(2.48)	(2.58)	(3.33)
Emst	0.326 **	0.240 **	0.266 ***	0.280 ***	0.303 ***
	(2.61)	(2.48)	(3.26)	(3.48)	(3.21)
Wage	0.023 ***	0.004 ***	0.005 ***	0.012 ***	0.059 ***
	(4.59)	(4.84)	(3.19)	(4.32)	(4.02)
Age	0.003	0.087	-0.103	-0.289	-0.905
	(0.65)	(0.38)	(-0.01)	(-0.19)	(-0.18)
Cash	0.078 ***	0.014 ***	0.027 ***	0.042 ***	0.222 ***
	(4.58)	(4.09)	(4.28)	(3.71)	(4.21)
Loan	0.018 **	0.735	0.586	0.877 **	0.072 ***
	(2.17)	(1.31)	(1.07)	(2.17)	(3.02)
Paid	0.548	0.424 **	0.058	0.604 ***	0.151
	(0.17)	(2.12)	(1.03)	(3.17)	(1.18)
常数项	-0.698 ***	-0.568 ***	-0.183 ***	-0.564 ***	0.604 ***
	-12.74	(-11.84)	(-30.93)	(-10.43)	(18.31)
N	4620	4620	4620	4620	4620
固定效应	有	有	有	有	有

注:括号内数字为 t 值,***、**、*分别表示在1%、5%、10%显著性水平下拒绝原假设。

从表4-16可以看出,在西部地区,不同产品质量的企业资本配置存量调整和劳动配置存量调整对产品高质量发展的影响均在5%的显著性水平下显著为正。

因此,分地区结果表明,东部地区和西部地区要素配置存量调整对产品高质量发展具有显著的促进作用,且西部地区资本配置存量调整和劳动配置存量调整对产品高质量发展的影响程度要高于东部地区资本配置存量调整和劳动配置存量调整对产品高质量发展的影响程度。中部地区资本配置存量调整对产品高质量发展影响不显著,劳动配置存量调整对产品高质量发展具有显著的促进作用。即要素配置存量调整对产品高质量发展的影响具有区域异质性,结论4成立。

出现这种现象的原因可能是,东部地区的资本市场和劳动力市场开放程度更高,生产要素流动的约束更小,企业生产要素的调整成本更低。生产要素的快速流动有利于企业优化资源配置,改善生产的技术条件,实现产品高质量发展。对于中部地区的企业,资本配置存量调整的"挤出效应"和"挤入效应"相当,资金流入相对困难,而劳动力资源相对更丰富。企业会选择用较多劳动替代资本,用劳动配置存量的调整代替资本流入的不足,从而表现为劳动配置存量调整对产品高质量发展的影响显著为正,资本配置存量调整对产品高质量发展的影响不显著。对于西部地区,自西部大开发战略实施以来,国家投入了大量人力、物力在西部地区,加之西部地区原来资金和人力资源缺乏,因此,西部地区的资本配置存量调整和劳动配置存量调整对产品高质量发展的促进作用更明显,资本配置存量和劳动配置存量相较于其他地区调整幅度相同,带来的产品高质量发展的提升幅度更大。

4.4　本章小结

在当前高质量发展背景下,通过在一个两部门内生增长模型中引入要素配置存量调整和产品高质量发展指标,探究了要素配置存量调整对产品高质量发展的内在作用机理,深入分析了要素配置存量调整对产品高质量发展的影响。利用2011—2014年规模以上中国工业企业数据,运用UQR方法,使用Borgen(2016)的无条件分位数回归方法来合并个体固定效应,对产品高质量发展的影响因素及其作用机制进行了分析。实证结果显示,全样本下,要素配置存量调整对产品高质量发展具有显著正向影响。

在不同所有制下,资本配置存量调整和劳动配置存量调整对产品高质量发展的影响具有异质性。国有企业中,产品质量位于低分位点上的企业资本配置存量调整和劳动配置存量调整对产品高质量发展具有显著的正向影响。而产品质量水平位于高分位点上的企业资本配置存量调整和劳动配置存量调整对产品高质量发展的影响不显著。在非国有企业中,不同产品质量的企业资本配置存量调整和劳动配置存量调整均对产品高质量发展有促进作用。

　　分行业结果表明,要素配置存量调整对产品高质量发展的影响具有行业异质性。在资本密集型行业中,产品质量位于低分位点上的企业资本配置存量调整对产品高质量发展的影响显著为正,产品质量位于高分位点上的企业资本配置存量调整对产品高质量发展的影响不显著。不同产品质量的企业劳动配置存量调整对产品高质量发展具有正向影响。在劳动密集型行业和技术密集型行业中,不同产品质量的企业资本配置存量调整对产品高质量发展具有正向影响。在劳动密集型行业中,不同产品质量的企业劳动配置存量调整对产品高质量发展的影响均不显著。在技术密集型行业中,产品质量位于低分位点上的企业劳动配置存量调整对产品高质量发展的影响显著为正,产品质量位于高分位点上的企业劳动配置存量调整对产品高质量发展的影响不显著。

　　分地区结果表明,要素配置存量调整对产品高质量发展的影响具有区域异质性。东部地区和西部地区要素配置存量调整对产品高质量发展具有显著的促进作用,且西部地区资本配置存量调整和劳动配置存量调整对产品高质量发展的影响程度要高于东部地区资本配置存量调整和劳动配置存量调整对产品高质量发展的影响程度。中部地区资本配置存量调整对产品高质量发展影响不显著,劳动配置存量调整对产品高质量发展具有显著的促进作用。

第 5 章　中观行业要素配置质量提升　
促进产业价值链升级　
与软价值提升的作用机制

　　上一章从微观层面讨论了要素配置存量调整对产品高质量发展的影响机制。微观企业通过对企业内部资本和劳动的存量进行调整,实现生产要素的再配置。通过对生产要素的再配置,推动产品的高质量发展。在各微观企业调整好要素存量之后,要实现产业价值链升级与行业的软价值提升,还需对行业内的高质量生产要素①在比例上进行再配置。通过调整高质量生产要素在行业内生产要素总存量中的比例,提高其边际产出,推动产业价值链升级与软价值提升。本章将高质量生产要素分为高质量资本要素和高质量劳动要素。高质量生产要素在不同行业间的流动,促使行业内部高质量生产要素在行业内总的生产要素中所占比例逐渐达到最优。这个过程即为生产要素配置质量提升的过程。高质量资本要素在不同行业间的流动实现了资本要素的配置质量提升;高质量的劳动要素在不同行业间的流动实现了劳动要素的配置质量提升。资本要素配置质量提升和劳动要素配置质量提升,最终会促进产业价值链升级与软价值提升。

---

　　① 高质量生产要素指的是单位产出高的生产要素。高质量资本指的是单位产出高的资本,本书用"新产品开发经费支出"表示;高质量劳动指的是单位产出高的劳动,本书用"R&D 人员折合全时当量"表示。

5.1 要素配置质量提升对产业价值链升级与软价值 提升的作用路径

2008 年金融危机之后,世界各国开始重新审视制造业等实体产业在经济发展中的重要地位。伴随着新一轮科技革命的兴起,为了抢占科技创新战略制高点,推动制造业转型升级成为当今世界各国的重要战略目标。目前,我国制造业中的一部分企业处于全球价值链中低端环节,制造业企业创新能力不强,在核心技术和尖端技术上缺乏竞争优势。加之我国未完全放开要素市场的定价权,造成要素价格的长期负向扭曲。要素市场的长期价格扭曲破坏了市场中价格机制的调节作用,要素错配现象的出现严重制约了产业价值链升级与软价值的提升。要素市场扭曲影响了企业对要素投入的选择,要素投入数量的选择使得一些企业在发展过程中通过盲目扩张而不是技术创新寻求更多利润。企业通过加大要素投入盲目扩张规模,导致重复建设、产能过剩和创新惰性,进而阻碍了产业价值链升级与软价值的提升(张伯超、靳来群、秘燕霞,2019;余东华、张维国,2018)。

一般来说,要素市场的扭曲状况主要是由政府对市场的不当干预造成的,政府介入市场并掌控要素的定价权,用"看得见的手"改变了自由市场的运行轨迹,使资源配置方向发生改变。这种改变会诱使企业选择一种在要素约束下的最优技术路径,而这种诱致型的技术进步会导致企业生产的无效率,阻碍制造业产业价值链升级与软价值的提升。

要素市场化程度提高,要素行业间错配状况得到改善,要素行业内投入比例得到优化,要素配置质量就会提升。要素配置质量提升就会促进产业价值链调整,产品附加值提高,产业价值链得到升级,行业软价值得到提升。要素配置质量提升对产业价值链升级与软价值提升的作用路径可用图 5 - 1 表示。

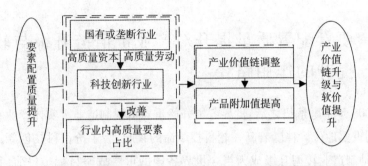

图5-1   要素配置质量提升对产业价值链升级与软价值提升的作用路径

要素质量是要素基本素质及其构成结构等特征的集中体现。本书的要素配置质量指的是高质量生产要素在总的生产要素中所占的比例。行业中高质量生产要素的边际产出越高,说明该行业内高质量生产要素越缺乏,要素配置质量越低。广泛存在的资本要素和劳动要素的错配,使得高质量资本要素和高质量劳动要素在行业间严重不匹配。表现为高质量资本要素和高质量劳动要素大量流向收益高、产出低的国有或垄断行业,而很少流向科技创新行业。这将导致科技创新行业中高质量生产要素配置不足,而国有和垄断行业中高质量生产要素配置过度,进而严重阻碍技术进步。

要素配置质量提升就是在政府部门的合理干预和要素市场化程度提高的情况下,促使高质量资本要素和高质量劳动要素从国有或垄断行业流向科技创新行业。通过调整科技创新行业中高质量资本要素和高质量劳动要素在资本投入和劳动投入中的比例,改善科技创新行业内高质量生产要素配置不足的问题,实现生产要素配置质量提升。

要素配置质量提升一方面通过研发新技术、引进新设备、使用新工具等提高生产效率,促进产业分工细化,引导劳动密集型产业逐渐转变为技术密集型产业,实现产业价值链升级与软价值提升;另一方面,由于高质量资本要素和高质量劳动要素自身携带着大量的知识信息,作为知识信息的主要载体,高质量劳动要素(研发人员)可以将新思想、新知识、新方法、新技术和先进的管理经验等带入科技创新行业内,形成溢出效应,提高科技创新企业的创新能力。高质量要素流入科技创新企业,会增大科技创新企业的知识技术"存量",为企业进一步寻求市场、扩展关联业务提供智力和体力保障,促使企业在原有产业业态上进一步开发新兴产业。新兴产业的出现,能够促进产业价值链调整,增加产品附加值,从而实现产业价值链升级与软价值提升(卓乘风、邓峰,2018)。

改善行业间要素错配状况能使优势产业增加发展所需的优质资本和劳动,改善行业内要素投入比例能够使企业提高边际产出,从而加快产业结构升级和调整的进程。在产业结构不断调整与升级的过程中,催生新产业、新技术,不断提高产品附加值。因此,要素配置质量的提升促进了产业价值链升级与软价值提升。

5.2　要素配置质量提升促进产业价值链升级与软价值提升的机理解析

在完全竞争市场中,作为实现产业价值链升级与软价值提升主要投入的高质量资本要素和高质量劳动要素可以在企业和行业间自由流动,因而同质的高质量资本要素和高质量劳动要素将获得相同的报酬。然而,经济转型期的体制因素、结构因素或政策性因素等会限制高质量资本和高质量劳动要素自由流动,导致实际的高质量资本要素和高质量劳动要素价格偏离其自由流动时的理想价格,从而造成高质量资本要素和高质量劳动要素的价格扭曲。在价格扭曲条件下,高质量资本要素和高质量劳动要素为了获得最大化收益在各企业和行业之间流动,造成某些企业或行业的高质量资本要素和高质量劳动要素过剩而另一些企业或行业紧缺。这种高质量生产要素的错配使得企业或行业的要素配置偏离整体配置的最优路径,导致实际产出偏离最优配置下的产出,从而在宏观上抑制总产出的提高,也压缩了制造业软价值的增长幅度,制约了产业价值链升级。

本章拟建立存在要素价格扭曲的多行业生产框架,通过定义竞争性均衡,深入解析要素配置质量提升促进制造业产业价值链升级与软价值提升的内在机理。

5.2.1　基本框架与竞争性均衡

5.2.1.1　基本框架

为简化分析,提出如下假设。①制造业体系中只使用资本和劳动两种生产要素。资本要素分为一般性资本要素 k 和高质量资本要素 Kq；劳动要素分为一般性劳动要素 l 和高质量劳动要素 Lq。②每个行业中的所有企业都具有相同的生产函数，用代表性企业的生产问题表示行业的生产问题。③在多种引致性扭曲因素的作用下，代表性企业中高质量资本要素和高质量劳动要素的价格发生扭曲，形成低于或高于生产要素市场均价的"工资楔子"（wage-wedge）。

借鉴 Lai 等（Lai, Peng and Bao, 2006）的分析框架，将物质资本分离为一般性资本 k 和高质量资本 Kq，将劳动分离为一般性劳动 l 和高质量劳动 Lq。这与 Lai 等（Lai, Peng and Bao, 2006）将中间品投入分为国内生产和国外进口是不同的。在此基础上，定义行业 $j(j = 1, 2, \cdots, N)$ 中代表性企业的生产函数为

$$Y_j = A_j(k_j^{1-\beta} + Kq_j^{1-\beta})(l_j^{\beta} + Lq_j^{\beta}) \qquad (5-1)$$

上式中，Y_j 为行业 j 的产量，A_j 为行业 j 的产出效率，$1 - \beta$ 为资本要素的产出份额，β 为劳动要素的产出份额。

由于只假定高质量资本市场和高质量劳动市场存在要素价格扭曲，一般性资本要素市场和一般性劳动要素市场不存在要素价格扭曲，为了便于分析问题，在不影响最终结论的情况下，本书将只考虑包含高质量资本要素和高质量劳动要素的生产函数。因此，将代表性企业的生产函数改写为

$$Y_j = A_j Kq_j^{1-\beta} Lq_j^{\beta} \qquad (5-2)$$

定义 r_K 为社会均衡状态下高质量资本要素 Kq 的边际报酬（即未扭曲的高质量资本要素价格），ω_L 为社会均衡状态下高质量劳动要素 Lq 的边际报酬（即为未扭曲的高质量劳动要素价格）。参照 Hsieh 和 Klenow（2009）的做法，假定行业 j 的高质量资本要素和高质量劳动要素的价格扭曲相同，都为 τ_j，则企业面临的扭曲的高质量资本要素价格为 $(1 + \tau_j)r_K$，扭曲的高质量劳动要素价格为 $(1 + \tau_j)\omega_L$。在行业 j 中，代表性企业的生产目标是在存在要素价格扭曲的条件下实现利润最大化，即

$$\max\{p_j Y_{obs,j} - (1 + \tau_j)r_K Kq_{obs,j} - (1 + \tau_j)\omega_L Lq_{obs,j}\} \qquad (5-3)$$

上式中，p_j 为行业 j 的产品价格，$Y_{obs,j}$、$Kq_{obs,j}$ 和 $Lq_{obs,j}$ 分别表示在存在价格扭曲的条件下，行业 j 的总产量、高质量资本要素 Kq 的投入量和高质量劳动要素 Lq 的投入量。对 $Kq_{obs,j}$ 和 $Lq_{obs,j}$ 求一阶偏导数，即可得到行业 j 的代表性企业获取最大化利润的条件。

$$(1 - \beta)p_j A_j Kq_{obs,j}^{-\beta} Lq_{obs,j}^{\beta} = (1 + \tau_j)r_K \qquad (5-4)$$

$$\beta p_j A_j Kq_{obs,j}^{1-\beta} Lq_{obs,j}^{\beta-1} = (1 + \tau_j)\omega_L \qquad (5-5)$$

式(5-4)和(5-5)的左边表示的是行业 j 代表性企业的高质量生产要素边际产品价值,右边为扭曲的高质量生产要素价格。当 $\tau_j > 0$ 时,企业的高质量生产要素投入面临"税收"性扭曲,意味着行业 j 代表性企业面临着高质量生产要素价格高于市场均衡状态下高质量生产要素平均价格;当 $\tau_j < 0$ 时,企业的高质量生产要素投入面临"补贴"性扭曲,此时行业 j 代表性企业面临着高质量生产要素价格低于市场均衡状态下高质量生产要素平均价格;当 $\tau_j = 0$ 时,表示行业 j 代表性企业不存在高质量生产要素的价格扭曲。因而行业 j 代表性企业的 $|\tau|$ 越大(越小),此行业的高质量生产要素价格扭曲程度就越大(越小)。

5.2.1.2　多行业框架的竞争均衡

基于以上对各行业代表性企业生产行为的描述,本部分将定义一个带有扭曲的 N 行业间竞争均衡模型。由于高质量资本要素和高质量劳动要素总量的有限性,假设经济体中高质量生产要素的总量是外生给定的,则 N 行业竞争的资源约束条件为

$$\sum_{j=1}^{N} Kq_{obs,j} = Kq \qquad (5-6)$$

$$\sum_{j=1}^{N} Lq_{obs,j} = Lq \qquad (5-7)$$

由于前文假设代表性企业的生产满足规模报酬不变的条件,经济总产出等于其各个行业产出的总和,即总产出 Y_{obs} (社会最终产品是经济中的计价物,价格为1)可以写为

$$Y_{obs} = \sum_{j=1}^{N} p_j Y_{obs,j} \qquad (5-8)$$

根据以上设定,给定行业 j 的产出效率 A_j 和要素价格扭曲 τ_j,以及整个经济中的高质量资本要素总量 Kq 和高质量劳动要素总量 Lq,则各行业产出、高质量资本要素投入量、高质量劳动要素投入量、产品价格、高质量资本要素价格和高质量劳动要素价格的竞争性均衡 $\{Y_{obs,j}, Kq_{obs,j}, Lq_{obs,j}, p_j, r_K, \omega_L\}$ 应满足以下条件:① N 个行业的一阶最优化条件;②资源约束条件;③全社会加总函数具有规模报酬不变的性质。至此,本书建立了带有扭曲的竞争均衡。

5.2.2 要素配置质量提升与产业价值链升级和软价值提升

5.2.2.1 要素价格扭曲与要素错配

由于行业中存在高质量资本要素和高质量劳动要素的价格扭曲,行业 j 面临的高质量资本要素价格 $(1 + \tau_j)r_K$ 偏离了高质量资本市场均衡时的资本价格 r_K ,高质量劳动要素价格 $(1 + \tau_j)\omega_L$ 偏离了高质量劳动市场均衡时的劳动价格 ω_L ,行业 j 高质量资本要素实际配置数量 $Kq_{obs,j}$ 也将偏离最优配置状态下的高质量资本要素投入数量 $Kq_{opt,j}$,行业 j 高质量劳动要素实际配置数量 $Lq_{obs,j}$ 也将偏离最优配置状态下的高质量劳动要素投入数量 $Lq_{opt,j}$,从而导致高质量资本要素和高质量劳动要素的错配。本书用高质量资本要素和高质量劳动要素实际配置与高质量资本要素和高质量劳动要素最优配置的比 κ_K 和 κ_L 来度量高质量资本要素和高质量劳动要素价格扭曲对高质量资本要素错配和高质量劳动要素错配的影响。即

$$\kappa_K = Kq_{obs,j}/Kq_{opt,j} = (1 + \tau_j)^{-1/\beta} \tag{5-9}$$

$$\kappa_L = Lq_{obs,j}/Lq_{opt,j} = (1 + \tau_j)^{-1/(1-\beta)} \tag{5-10}$$

从(5-9)式可以看出,由于 $1 - \beta \in (0,1)$, $(1 + \tau_j) > 0$ 。因此,如果 $\tau_j < 0$,则 $\kappa_K > 1$,即行业 j 的高质量资本要素实际投入量 $Kq_{obs,j}$ 大于行业 j 最优配置状态下的高质量资本要素投入量 $Kq_{opt,j}$,这意味着行业 j 的高质量资本要素供给过多;反之,则意味着行业 j 高质量资本要素供给不足。当 $\kappa_K = 1$ 时,行业 j 的高质量资本要素投入达到最优,资本配置质量最好。

同理,从(5-10)式可以看出,如果 $\tau_j < 0$,则 $\kappa_L > 1$,即行业 j 的高质量劳动要素实际投入量 $Lq_{obs,j}$ 大于行业 j 最优配置状态下的高质量劳动要素投入量 $Lq_{opt,j}$,这意味着行业 j 的高质量劳动要素供给过多;反之,则意味着行业 j 高质量劳动要素供给不足。当 $\kappa_L = 1$ 时,行业 j 的高质量劳动要素投入达到最优,劳动配置质量最好。

5.2.2.2 要素错配与产出

由于行业 j 高质量资本要素和高质量劳动要素价格扭曲的存在,行业 j 的高

质量资本要素和高质量劳动要素存在错配的情况,会造成行业 j 的实际产出偏离其要素最优配置下的潜在产出。本书将经济体中实际产出份额 $p_j Y_{obs,j}/p Y_{obs}$ 与资源最优配置状况下的行业产出份额 $p_j Y_{opt,j}/p Y_{opt}$ 的差值(简称为"行业产出份额差值") Ω_j 表示为行业 j 高质量生产要素价格扭曲 τ_j 的函数,以此分析高质量生产要素错配对行业产出的影响。考虑到行业产出份额能反映行业规模的差异性,并且能消除量纲影响,使行业之间具有可比性,本书采用行业产出份额来衡量行业产出。

　　根据前文分析,可推导得出行业 j 的产出份额差值 Ω_j 为

$$\Omega_j = \frac{p_j Y_{obs,j}}{p Y_{obs}} - \frac{p_j Y_{opt,j}}{p Y_{opt}} = \left[\left(1 + \tau_j \right)^{-\frac{1-\beta}{\beta} - \frac{\beta}{1-\beta}} - 1 \right] \frac{p_j Y_{opt,j}}{p Y_{opt}} \quad (5-11)$$

　　由于假定一定时期内经济体中高质量资本要素和高质量劳动要素的总量是有限的,上式表明行业 j 的产出份额差值 Ω_j 会受到高质量生产要素价格扭曲 τ_j 的影响。当 $\tau_j < 0$ 时, $\Omega_j > 0$,行业 j 面临"补贴"性扭曲,该行业实际产出份额高于最优配置状态下的产出份额;反之, $\Omega_j < 0$,行业 j 面临"税收"性扭曲,该行业实际产出份额低于最优配置状态下的产出份额。

　　将(5-11)式对 $(1 + \tau_j)$ 求一阶导数,可以得到

$$\partial \Omega_j / \partial (1 + \tau_j) = -\frac{\beta^2 + (1-\beta)^2}{\beta(1-\beta)} \cdot \frac{p_j Y_{opt,j}}{p Y_{opt}} \cdot (1 + \tau_j)^{-\frac{\beta^2 - \beta + 1}{\beta(1-\beta)}} \quad (5-12)$$

　　由于 $\frac{\beta^2 + (1-\beta)^2}{\beta(1-\beta)} > 0$、 $\frac{p_j Y_{opt,j}}{p Y_{opt}} > 0$、 $(1 + \tau_j)^{-\frac{\beta^2 - \beta + 1}{\beta(1-\beta)}} > 0$,可得 $\partial \Omega_j / \partial (1 + \tau_j) < 0$。这表明,行业产出份额的差值与行业要素价格扭曲存在单调递减的关系。具体来说,当 $\tau_j < 0$ 时,行业面临的"补贴"性扭曲越大,行业实际产出份额越高于最优配置状态下的产出份额;当 $\tau_j > 0$ 时,行业面临的"税收"性扭曲越大,行业实际产出份额越低于最优配置状态下的产出份额。

　　由上文可知,高质量生产要素错配使行业实际产出偏离高质量生产要素最优配置时的潜在产出,进而会影响 N 个行业的加总总产出,依据 CES 生产函数,即得经济总产出。

$$p Y_{obs} = \sum p_j Y_{obs,j} = \left\{ \sum \left[p_j A_j K q_j^{1-\beta} L q_j^{\beta} / (1 + \tau_j) \right]^{\frac{\beta^2 - \beta + 1}{\beta(1-\beta)}} \right\}^{\frac{\beta(1-\beta)}{\beta^2 - \beta + 1}} \quad (5-13)$$

　　假设体制性、结构性、政策性改革能够有效调整消除高质量生产要素价格扭曲,使实际总产出达到要素最优配置时的潜在最优总产出水平。

$$pY_{opt} = \sum p_j Y_{opt,j} = \Big[\sum_j (p_j A_j Kq_{opt,j}^{1-\beta} Lq_{opt,j}^{\beta})^{\frac{\beta^2-\beta+1}{\beta(1-\beta)}} \Big]^{\frac{\beta(1-\beta)}{\beta^2-\beta+1}} \qquad (5-14)$$

高质量生产要素错配对总产出的影响可用潜在最优总产出与实际总产出的比值 R [①]来度量。

$$R = pY_{opt}/pY_{obs} = \Big[\sum (p_j A_j Kq_j^{1-\beta} Lq_j^{\beta})^{\sigma} \Big]^{\frac{1}{\sigma}} / \Big\{ \sum \big[p_j A_j Kq_j^{1-\beta} Lq_j^{\beta}/(1+\tau_j) \big]^{\sigma} \Big\}^{\frac{1}{\sigma}}$$

$$(5-15)$$

上式表明,高质量生产要素的价格扭曲导致要素错配,从而使实际总产出偏离潜在最优总产出。R 值越大,实际总产出与最优总产出的缺口就越大,即要素错配给总产出带来的损失就越大。

5.2.2.3 要素配置质量提升与制造业产业价值链升级和软价值提升的关系

邹全胜(2006)认为,单位投入要素相对产出越大,要素质量越高。在生产要素存量一定的情况下,要素配置质量提升意味着高质量生产要素与一般性生产要素的比例趋向合理。要素配置质量提升能够有效消除要素的价格扭曲,促进产业价值链调整和升级,同时也会增加产品附加值和制造业的总产出。为了更加清晰地分析要素配置质量提升对制造业的影响,本书将潜在最优总产出与实际总产出的比值 R 分解为如下形式。

$$R = Y_{opt}/Y_{obs} = 1 + \sum (Y_{opt,j} - Y_{obs,j})/Y_{obs} \qquad (5-16)$$

将上式中最优配置状态下的行业产出对行业实际产出的偏离程度记为

$$\Delta_j = (Y_{opt,j} - Y_{obs,j})/Y_{obs} \qquad (5-17)$$

上式中的最优配置状态下的产出包含了两部分。一部分为新产品的产出,一部分为新增的产品附加值。新产品的产出和新增的产品附加值代表着制造业产业价值链的升级与软价值的提升。用 *Value* 表示新产品的产出和新增的产品附加值,将其从 Δ_j 中剥离出来,结合前面的分析,可将新产品的产出和新增的产品附加值表示为要素配置质量的函数。要素配置质量又可分为资本要素配置质量 *Caqu* 和劳动要素配置质量 *Laqu* ,因此有

---

① (4-15)式中 $\sigma = \dfrac{\beta^2-\beta+1}{\beta(1-\beta)}$。

$$Value = f(Caqu, Laqu) \qquad (5-18)$$

资本配置质量的提升和劳动配置质量的提升,会改善高质量资本要素和高质量劳动要素在行业间的错配。通过纠正高质量资本要素和高质量劳动要素在行业间的错配,提高高质量资本要素和高质量劳动要素的边际产品价值。高质量资本要素和高质量劳动要素将自身携带的大量知识信息带入新的行业,形成知识溢出,产生新的创新动能。新的创新动能促使企业生产出附加值更高的产品,从而促进制造业产业价值链升级与软价值提升。

基于上述分析,可得结论 1。

结论 1:要素配置质量提升能够促进产业价值链升级和软价值提升。

随着经济一体化的发展以及社会分工的进一步细化,国内外学者对溢出效应的关注开始从一个行业内的溢出转向行业间的溢出。Spence(1984)较早地注意到了一个行业的技术创造对其他行业生产率产生的影响。Combes(2000)发现行业间溢出对制造业的发展具有很强的解释能力。潘文卿、李子奈和刘强(2011)运用工业部门 1997—2008 年数据,也发现产业间的技术溢出对工业各部门劳动生产率的促进效应高于产业直接 R&D 投入的促进效应。但是,王秀婷和赵玉林(2020)通过分析 2000—2016 年中国制造业 15 个细分行业面板数据发现,虽然各类产业间溢出都有助于 TFP 增长,但产业自身的研发投入仍是影响 TFP 的核心因素,人力资本会制约产业间的溢出。虽然上述学者对产业间的溢出效应所得结论有所不同,但都认为产业间的溢出效应存在,并且会对产业发展产生重要影响。根据本章选用的分行业面板数据,结合已有学者的研究,可得以下结论。

结论 2:要素配置质量提升对产业价值链升级与软价值提升具有行业间的溢出效应。

5.3 要素配置质量提升对产业价值链升级与软价值提升的实证分析

高质量资本要素和高质量劳动要素存在错配,主要是由政府的不当干预及不完全的要素市场导致的。表现为国有或垄断行业高质量资本要素和高质量劳动要素配置过高,民营和科技创新行业高质量资本要素和高质量劳动要素配置过低(刘戒骄,2019)。因此,促进高质量资本要素和高质量劳动要素在不同行业间自由流动,能改善行业间要素错配,优化行业内高质量资本要素和高质量劳动要素投入比例,提升要素配置质量,从而加速产业结构调整和升级,产生新产业新技术,提升产业价值链和软价值。即要素配置质量提升能促进产业价值链升级与软价值提升。下面通过实证模型对上述理论分析所得结论进行验证。

5.3.1　变量说明与数据来源

5.3.1.1　变量说明

(1)被解释变量产业价值链升级与软价值提升($Value$)。参照已有文献,选取"产业软价值""亏损企业占比""生产成本""新产品出口占比"四个指标进行测度。产业软价值用"新产品销售收入/主营业务收入"测算;亏损企业占比采用"亏损企业单位数/企业单位数"测算;生产成本采用"每百元主营业务收入中的成本"测算;新产品出口占比采用"新产品出口销售收入/出口交货值"测算。由于"亏损企业占比"和"生产成本"两个指标是逆指标,即指标数值越大,产业价值链升级与软价值提升的程度越小,实际测算时采用其倒数进行测算。四个指标测算数据来源于国家统计局网站。

由于各指标计量单位不统一,需先将各指标进行标准化处理,再用主成分分析方法确定权重,进行加权合成,最终得到产业价值链升级与软价值提升总指标。详细测算结果见附表1。

(2)解释变量要素配置质量提升。单位投入要素相对产出越大,要素质量越高(邹全胜,2006),要素质量是要素基本素质及其构成结构等特征的集中体现(余子鹏、袁玲丽,2019),要素配置质量则更强调要素的配置情况。本书用高质量生产要素在总的生产要素中的比例与最优比例差值绝对值的倒数来表示要素配置质量提升。该值越大,要素配置质量提升越高。将要素配置质量提升分为资本配置质量提升($Caqu$)和劳动配置质量提升($Laqu$)两部分。用"新产品开发经费支出"表示高质量资本,用"R&D人员折合全时当量"表示高质量劳动,则资本配置质量提升用"新产品开发经费支出/R&D经费支出"与"新产品开发经费的平均支出/R&D 经费平均支出"的差值绝对值的倒数表示,劳动配置质量提升用"R&D 人员折合全时当量/平均用工人数"与"R&D 人员折合全时当量平均数/平均用工人数"差值绝对值的倒数来表示。一般来说,新产品开发经费支出在 R&D 经费支出中所占比重与最优比重越接近,越有利于产业价值链升级与软价值提升;同样,"R&D 人员折合全时当量/平均用工人数"的比值越接近最优比值,越有利于产业价值链升级与软价值提升。

(3)控制变量。为了避免遗漏变量可能带来的影响,在参考已有同类文献(Krugman,1987;施炳展、金祥义,2019)的基础上,选取以下对产业价值链升级与软价值提升有重要影响的变量作为控制变量,具体为:

①对外开放度(Open)。对外开放程度越高,越有利于产业价值链升级与软价值提升。对外开放度用"出口交货值/主营业务收入"表示。

②产业研发强度(RD)。研发投入能够推动技术进步,长期来看,还能够有效降低产业平均成本,用"R&D 经费支出/实际产出"表示。

③产业外部经济规模(Size)。产业外部经济规模会影响产业结构升级和产出增长,用"产业总销售收入对数"表示。

④政府干预度(Gover)。用"国家资本/实收资本"表示。其值越大,政府对产业的投资强度越大,越有利于产业的价值链升级与软价值提升。

⑤外商投资比重(Foreign)。用"外商资本/实收资本"表示。该指标数值越大,越有利于产业价值链升级与软价值提升。

⑥注意力配置(Atten)。用"百度指数"来表示。"百度指数"参照已有文献(施炳展、金祥义,2019),通过统计网民的日频搜索数据,计算每个关键词在百度网页中的加权和得到。该指标数值越大,说明对该产业的关注度越高,越有利于产业价值链升级与软价值提升。

文中被解释变量、解释变量及控制变量的定性描述见表 5 - 1,表中所有变量均为取对数后的结果①。

---

① 标准化后的变量取值小于等于 1,采用数值加 1 之后再取对数。

表 5-1　各变量的定性描述

变量类别	符号	含义	度量指标及说明
被解释变量	Value	产业价值链升级与软价值提升	产业软价值
			亏损企业占比
			生产成本
			新产品出口占比
解释变量	Caqu	资本配置质量提升	"新产品开发经费支出/R&D 经费支出"与"新产品开发经费的平均支出/R&D 经费平均支出"的差值绝对值的倒数
	Laqu	劳动配置质量提升	"R&D 人员折合全时当量/平均用工人数"与"R&D 人员折合全时当量平均数/平均用工人数"差值绝对值的倒数
控制变量	Open	对外开放度	出口交货值/主营业务收入
	RD	产业研发强度	R&D 经费支出/实际产出
	Size	产业外部经济规模	产业总销售收入对数
	Gover	政府干预度	国家资本/实收资本
	Foreign	外商投资比重	外商资本/实收资本
	Atten	注意力配置	百度指数

5.3.1.2　数据来源

本章所用数据来源于 EPS 数据库中的中国工业经济数据库、中经网统计数据库和国家统计局网站,时间跨度为 2012—2016 年①。按《国民经济行业分类》(GB/T 4754—2011)标准,选取其中代码为 13—43(不含 38)的制造业行业作为分析样本,并对数据进行了较为详细的处理。以 2011 年为基期对相关指标进行平减,用工业生产者出厂价格指数对新产品销售收入、新产品出口销售收入、主营业务收入和实际产出进行平减;用固定资产投资价格指数平减主营业务成

---

① 截至目前,制造业行业数据最新只到 2016 年,故本章所选数据范围为 2011—2016 年。

本、新产品开发经费支出、R&D 经费支出、国家资本、实收资本和外商资本;用制造业出口商品价格指数平减出口交货值。工业生产者出厂价格指数、固定资产投资价格指数和制造业出口商品价格指数均来自中经网统计数据库。

注意力配置数据来源于百度指数的日频数据。对所有日频数据先按年份加总,得到年度数据,再按关键词①所在行业,对行业内所属关键词频数再次加总,得到行业的百度指数。本书所用百度指数为整体的百度指数。

5.3.2　模型选择

国民经济的各行业间存在着广泛而又密切的联系,某一个行业在生产过程中的任何变化,都会对其他行业产生一定的波及作用。这种波及作用在联系较为紧密的行业间表现得尤为明显,并通过行业间溢出效应对本产业价值链升级与软价值提升产生影响。因此,本章以 2012—2016 年制造业行业的面板数据为基础分析要素配置质量提升对产业价值链升级与软价值提升的直接与间接效应,并以投入产出表为基础构建权重矩阵,以体现行业间的联系。最后,通过空间计量经济学模型对理论分析所得结论进行验证。

5.3.2.1　空间权重矩阵

从现有文献来看,常用的空间权重矩阵可以归纳为两类。一类是基于地理位置构造的,如车相邻、后相邻、K-nearest 和距离倒数次方权重矩阵,其优点是直观且满足空间权重矩阵的外生性假定。然而基于车相邻和后相邻的空间权重矩阵的假定条件中“存在关联的两地区关联程度相同”过强,往往有悖常理。另一类为基于社会经济因素的空间权重矩阵。这类空间权重矩阵经济含义明确且符合实际的应用背景,与基于地理位置构造的空间权重矩阵相比,实际应用背景较强。本书所构建的空间权重矩阵属于后者。

基于数据的可得性,以 2017 年全国投入产出表中的制造业行业为基础,构建空间权重矩阵 W。与前文相对应,选择代码为 13—43(不含 38)的制造业行业,得到 30×30 矩阵。矩阵中所有元素均用以 2011 年为基期的工业生产者出

---

①　关键词选取情况见附表 3。

厂价格指数进行平减。2017 年全国投入产出表来源于中华人民共和国国家统计局网站,工业生产者出厂价格指数来源于中经网统计数据库。

权重矩阵构建过程如下。

第一步,用 w_{ij} 表示权重矩阵中第 i 行第 j 列元素,当 $i < j$ 时,计算 $\dfrac{w_{ij}}{\sum\limits_{j} w_{ij}}(i \neq j)$,当 $i > j$ 时,计算 $\dfrac{w_{ij}}{\sum\limits_{i} w_{ij}}(i \neq j)$,用计算所得新数据替换原来的 w_{ij} ,并将其记为 w'_{ij} ,主对角线元素记为 0。

第二步,当 $i < j$ 时,比较 w'_{ij} 与 $\sum\limits_{j} w'_{ij}/(30 - j + 1)$ 的大小,若 $w'_{ij} < \sum\limits_{j} w'_{ij}/(30 - j + 1)$,则 $w'_{ij} = 0$,否则, $w'_{ij} = 1$;当 $i > j$ 时,比较 w'_{ij} 与 $\sum\limits_{i} w'_{ij}/(30 - i + 1)$ 的大小,若 $w'_{ij} < \sum\limits_{i} w'_{ij}/(30 - i + 1)$, $w'_{ij} = 0$,否则, $w'_{ij} = 1$ 。

上述过程表示的含义是:对位于矩阵中主对角线以上的元素,计算该元素在该行所占比重;对位于主对角线以下元素,计算该元素在该列所占比重;主对角线元素不用计算,得到一张新表。将新表中主对角线元素记为 0,主对角线以上元素按行取平均数,将主对角线以上元素与所在行平均数做比较,大于等于行平均数取值为 1,小于行平均数取值为 0;同样,对主对角线以下元素,按列取平均数,将主对角线以下元素与所在列平均数做比较,小于列平均数取值为 0,大于等于列平均数取值为 1。详细测算结果见附表 4。

因为投入产出表中数据表示的就是各行业之间的联系。若表中元素大于相应行平均数(或者列平均数),则元素取值为 1,说明两个行业之间联系较为紧密;否则,元素取值为 0,表示行业之间联系较弱。这种权重矩阵的构建思想参照的是基于区域间距离空间权重矩阵的构建思想。因此,通过本书方法构建的空间权重矩阵,不仅有很好的理论依据,还能够较好地反映行业之间联系的紧密程度,能够实现本书的研究目的。

至此得到本章所需空间权重矩阵 W 。

5.3.2.2　空间自相关性检验

在进行空间计量分析之前,需要检验各行业产业价值链升级与软价值提升是否存在空间相关关系。遵循大多数文献做法,本书采用莫兰指数(Moran's I)

这一指标进行测量,具体计算公式如下。

$$\text{Moran's } I = \frac{n}{\sum\limits_{i=1}^{n}\sum\limits_{j=1}^{n}w_{ij}} \times \frac{\sum\limits_{i=1}^{n}\sum\limits_{j=1}^{n}w_{ij}(Value_i - \overline{Value})(Value_j - \overline{Value})}{\sum\limits_{j=1}^{n}(Value_i - \overline{Value})^2}$$

$$(5-19)$$

其中,$Value_i$ 表示产业价值链升级与软价值提升的对数,w_{ij} 为已进行行标准化后的空间权重矩阵。利用 2012—2016 年间各行业的产业价值链升级与软价值提升的相关数据,计算得到 Moran's I 统计量见表 5-2。

表 5-2　潜在的空间自相关性检验

年份	Moran's I	Z 值	年份	Moran's I	Z 值
2012	0.303 ***	3.70	2015	0.278 ***	3.41
2013	0.281 ***	3.46	2016	0.296 ***	3.62
2014	0.260 ***	3.23			

注:*、**、*** 分别表示通过 10%、5%、1% 水平下的显著性检验。

从表 5-2 结果可以看出,选定的研究时段内各年份的 Moran's I 统计量至少在 1% 的显著性水平上都拒绝了无空间自相关的原假设。表中各年 Moran's I 的值都大于零,说明产业价值链升级与软价值提升存在潜在正的空间自相关性。因此,考虑将产业价值链升级与软价值提升的空间滞后项纳入面板数据模型中具有其合理性。

5.3.2.3　模型的确定

根据理论模型的分析及莫兰指数的空间自相关性检验,同时为了避免出现内生性问题,在模型中加入被解释变量产业价值链升级与软价值提升的滞后一期项,采用动态空间面板模型来检验要素配置质量提升对产业价值链升级与软价值提升的作用机制及空间效应。相比于传统静态空间面板模型,动态空间面板模型既考虑了要素配置质量提升与产业价值链升级和软价值提升的动态效应,又可以避免内生性问题(Elhorst,2014),从而使得模型的估计结果更加准确和可靠。

对于动态空间面板模型的选择,遵循已有文献(LeSage,2008;Elhorst,Piras and Arbia,2010)中描述的策略,先估计一个 SDM 模型 $Y_t = \rho WY_t + X_t\beta + WZ_t\theta + \mu_i + \varepsilon_t$。若估计结果显示 $\theta = 0$ 且 $\rho \neq 0$,则模型为 SAR 模型;若 $\theta = -\beta\rho$,则模型为 SEM 模型。

因此,基于上述理论与研究目的,本书构建的动态空间杜宾模型(DSDM)如下。

$$Value_{it} = \tau Value_{it-1} + \rho \sum_j w_{ij} Value_{it} + \beta_1 Caqu_{it} + \beta_2 Laqu_{it} + \lambda_1 \sum_j w_{ij} Caqu_{it} +$$

$$\lambda_2 \sum_k w_{ij} Laqu_{it} + \sum_k \varphi_k X_{ikt} + \varphi'_k \sum_j w_{ij} X_{ikt} + \mu_i + \varepsilon_{it} \qquad (5-20)$$

其中 i 表示行业,t 表示时间,τ、ρ、$\beta_j(j=1,2)$、$\lambda_j(j=1,2)$ 和 φ_k 是回归系数,μ_i 表示个体固定效应,ε_{it} 表示误差项。X_{ikt} 是控制变量,包括对外开放度(Open)、产业研发强度(RD)、产业外部经济规模(Size)、政府干预度(Gover)、外商投资比重(Foreign)和注意力配置(Atten)。$\sum_j w_{ij} Value_{it}$ 表示产业价值链升级与软价值提升(Value)的行业间溢出效应,$\sum_j w_{ij} Caqu_{it}$ 表示资本配置质量提升(Caqu)对产业价值链升级与软价值提升(Value)的行业间溢出效应,$\sum_j w_{ij} Laqu_{it}$ 表示劳动配置质量提升(Laqu)对产业价值链升级与软价值提升(Value)的行业间溢出效应。

采用空间动态面板 DSDM 模型进行估计,最终得到表 5-3 所示结果。

表 5-3　空间动态面板 DSDM 模型

	(1)	(2)	(3)	(4)	(5)	(6)
$Value_{-1}$	1.174 ***	0.980 ***	0.661 ***	0.276 ***	0.591 ***	0.275 ***
	(74.04)	(19.76)	(5.24)	(4.27)	(4.45)	(4.01)
$Caqu$	0.228 ***	0.873 ***	0.010	0.153 **	0.120 *	0.301 *
	(2.77)	(7.32)	(0.06)	(2.07)	(1.88)	(1.84)
$Laqu$	1.871 ***	1.773 ***	1.859	1.832 ***	1.461	2.210 **
	(13.1)	(8.61)	(1.57)	(3.32)	(1.30)	(2.31)

续表

	(1)	(2)	(3)	(4)	(5)	(6)
Open		0.759 ***		2.202 ***		2.404 ***
		(4.85)		(3.75)		(4.31)
RD		21.113 ***		39.275 ***		40.104 **
		(4.18)		(2.81)		(2.56)
Gover		0.214		0.727 ***		0.829 ***
		(1.29)		(2.74)		(2.71)
Foreign		− 1.658 ***		0.867 *		0.731
		(−8.99)		(1.76)		(1.32)
Atten		0.008		0.022		0.053
		(1.06)		(0.30)		(0.81)
W × Caqu	− 0.760 ***	− 0.931 ***	− 0.788 ***	− 0.261 **	− 0.583 *	− 0.578 **
	(−4.86)	(−3.98)	(−3.75)	(−2.46)	(−1.66)	(−2.38)
W × Laqu	1.957 ***	1.934 ***	1.333	2.223	1.286 **	2.637 **
	(6.41)	(3.23)	(1.46)	(1.18)	(2.15)	(2.38)
W × Open		− 4.648 ***		− 2.469 ***		− 3.358 ***
		(−14.50)		(−2.70)		(−3.11)
W × RD		− 2.231 ***		− 30.540		− 29.982
		(−26.40)		(−1.33)		(−1.32)
W × Gover		1.609 ***		2.400 ***		2.417 ***
		(5.00)		(3.04)		(2.84)
W × Foreign		2.886 ***		1.928		1.664
		(7.76)		(1.53)		(1.45)
W × Atten		0.327 ***		0.066		0.240
		(15.31)		(0.64)		(1.37)
ρ	0.202 ***	1.715 ***	0.806 ***	0.330 **	0.304 *	0.345 **
	(8.27)	(19.07)	(6.42)	(2.22)	(1.70)	(2.06)
时间固定	是	是	否	否	是	是
空间固定	否	否	是	是	是	是

续表

	(1)	(2)	(3)	(4)	(5)	(6)
观测值	120	120	120	120	120	120
logL	113.8132	76.4606	147.5030	199.0303	159.0452	130.9813
R-sqw	0.2896	0.0441	0.4447	0.7416	0.4727	0.6474
R-sqb	0.9901	0.8092	0.7432	0.6737	0.9682	0.4371
R-sqo	0.9731	0.7396	0.7328	0.6749	0.9588	0.4384

注:*、**、*** 分别表示通过 10%、5%、1% 水平下的显著性检验;括号内数值为 z 统计量。

从表 5 – 3 结果可以看出,解释变量的空间滞后项系数不全为零,$\theta = -\beta\rho$ 也不成立,因此,根据文献(LeSage,2008;Elhorst, Piras and Arbia,2010),最终模型应该为 DSDM 模型。

5.3.3 回归结果分析

5.3.3.1 基准回归结果分析

(1)无控制变量结果分析。表 5 – 3 中第(1)列、第(3)列和第(5)列是没有加入控制变量的回归。其中,第(1)列时间固定,第(3)列个体固定,第(5)列双向固定。

在仅存在时间固定效应的情况下,资本配置质量提升和劳动配置质量提升对产业价值链升级与软价值提升在 1% 的显著性水平下均显著为正,说明要素配置质量提升能够促进产业价值链升级与软价值提升。故结论 1 成立。被解释变量空间滞后项前的系数在 1% 的显著性水平下显著为正,说明相近行业的产业价值链升级与软价值提升对本行业的产业价值链升级与软价值提升具有促进作用,即行业间溢出效应存在。

在仅存在个体固定效应的情况下,资本配置质量提升和劳动配置质量提升对产业价值链升级与软价值提升影响虽然不显著,但两者的系数为正。说明要素配置质量提升对产业价值链升级与软价值提升具有正向影响。被解释变量空间滞后项前的系数在 1% 的显著性水平下显著为正,说明相近行业的产业价值链升级与软价值提升对本行业的产业价值链升级与软价值提升具有促进作用,即行业间溢出效应存在。

在同时存在时间固定效应和个体固定效应的情况下,资本配置质量提升对产业价值链升级与软价值提升的影响在 10% 的显著性水平下显著为正,劳动配置质量提升对产业价值链升级与软价值提升的影响不显著。说明资本配置质量提升能够促进产业价值链升级与软价值提升,劳动配置质量提升对产业价值链升级与软价值提升的促进作用不明显。这部分验证了结论 1 的成立。被解释变量空间滞后项前的系数在 10% 的显著性水平下显著大于 0,说明相近行业的产业价值链升级与软价值提升对本行业的产业价值链升级与软价值提升具有促进作用,即行业间溢出效应存在。

(2)引入控制变量的结果分析。表 5 - 3 中第(2)列、第(4)列和第(6)列是加入了控制变量的回归。其中,第(2)列时间固定,第(4)列个体固定,第(6)列双向固定。

在仅存在时间固定效应的情况下,资本配置质量提升和劳动配置质量提升前的系数在 1% 的显著性水平下均显著为正,说明资本配置质量提升和劳动配置质量提升对产业价值链升级与软价值提升均具有显著的促进作用。故结论 1 成立。被解释变量空间滞后项前的系数在 1% 的显著性水平下显著大于 0,说明相近行业的产业价值链升级与软价值提升对本行业的产业价值链升级与软价值提升具有显著的促进作用,即行业间溢出效应存在。

在仅存在个体固定效应的情况下,资本配置质量提升和劳动配置质量提升对产业价值链升级与软价值提升在 5% 的显著性水平下都表现出显著的促进作用。这进一步验证了结论 1 的成立。被解释变量空间滞后项前的系数在 5% 的显著性水平下显著大于 0,说明相近行业的产业价值链升级与软价值提升对本行业的产业价值链升级与软价值提升具有促进作用,即行业间溢出效应存在。

在同时存在时间固定效应和个体固定效应的情况下,资本配置质量提升和劳动配置质量提升对产业价值链升级与软价值提升在 10% 的显著性水平下都表现出显著的促进作用。这进一步验证了结论 1 的成立。被解释变量空间滞后项前的系数在 5% 的显著性水平下显著大于 0,说明相近行业的产业价值链升级与软价值提升对本行业的产业价值链升级与软价值提升具有促进作用,即行业间溢出效应存在。

　　从控制变量的参数估计结果来看,对外开放度、产业研发强度和政府干预度对产业价值链升级和软价值提升均具有显著的正向影响,这与理论预期相一致。外商投资比重在仅存在时间固定效应的情况下对产业价值链升级与软价值提升的影响在 1% 的显著性水平下显著为负,但在仅存在个体固定效应的情况下对产业价值链升级与软价值提升的影响在 10% 的显著性水平下显著为正。注意力配置前的系数不显著。出现这种现象的可能原因是政府干预度、外商投资比重和注意力配置之间存在共线性问题。对某产业的注意力配置越高,一般来说,政府对该产业的干预度也会更高,相应地,外商的投资比重也会更高些。虽然三者之间存在共线性问题,但本书主要关注的是资本和劳动的配置质量对产业价值链升级与软价值提升的影响,因此,共线性问题对本书的分析无影响,不需要处理。

　　综上,要素配置质量提升对产业价值链升级与软价值提升的促进作用显著,结论 1 成立。

　　(3)行业间溢出效应分析。为了更精准地判断各个解释变量对产业价值链升级与软价值提升的行业间溢出效应,根据表 5 - 3 结果,基于 DSDM 模型,对所有解释变量的间接效应进行估算,用以刻画相近行业资本配置质量提升和劳动配置质量提升对本行业产业价值链升级与软价值提升的影响,反映资本配置质量提升和劳动配置质量提升对产业价值链升级与软价值提升影响的行业间溢出效应,结果如表 5 - 4 所示。

表 5 - 4　解释变量对产业价值链升级与软价值提升的行业间溢出效应

	Caqu	Laqu	Open	RD	Gover	Foreign	Atten
短期溢出效应	- 1.052 **	5.956 ***	- 2.849 **	- 2.641	3.476 **	3.162	0.402
	(- 2.29)	(3.23)	(- 2.19)	(- 0.73)	(2.21)	(1.34)	(1.40)
长期溢出效应	- 2.194 ***	13.607 **	- 14.702	- 47.917	6.266	6.445	0.816
	(- 4.38)	(2.33)	(- 0.42)	(- 0.27)	(0.42)	(0.48)	(0.46)

　　注:*、**、*** 分别表示通过 10%、5%、1% 水平下的显著性检验;括号内数值为 z 统计量。

　　表 5-4 给出了所有解释变量对产业价值链升级与软价值提升的短期和长期行业间溢出效应。不论是短期还是长期,相近行业的资本配置质量提升对本行业的产业价值链升级与软价值提升均具有显著的负向影响。相近行业的资本配置质量每提升 1%,短期内会导致本行业的产业价值链升级与软价值提升下降 1.052%,长期内会导致本行业的产业价值链升级与软价值提升下降 2.194%。这主要是因为,用于研发新产品的高质量资本流入了相近行业,流入本行业的高质量资本就会减少,从而造成本行业产业价值链升级与软价值提升受到不利影响。相近行业的劳动配置质量提升不仅短期内对本行业产业价值链升级与软价值提升有显著的正向行业间溢出效应,长期内同样有显著的正向行业间溢出效应。相近行业的劳动配置质量每提升 1%,短期内会导致本行业的产业价值链升级与软价值提升提高 5.956%,长期内会导致本行业的产业价值链升级与软价值提升提高 13.607%。这是因为,R&D 人员都是携带着大量知识的载体,相近行业间的技术交流和学习会产生正向知识溢出效应。通过行业间 R&D 人员的交流和学习,本行业内的劳动要素配置质量得到提升,从而促进了本行业产业价值链升级与软价值的提升。结论 2 得到验证。

　　对外开放度和政府干预度对产业价值链升级与软价值提升只有短期的行业间溢出效应,长期行业间溢出效应不显著。短期内,相近行业的对外开放程度每提高 1%,本行业的产业价值链升级与软价值提升就会下降 2.849%。原因在于相近行业的产品与本行业的产品之间具有一定的替代性。这就导致了相近行业的对外开放度对本行业的产业价值链升级与软价值提升具有负向行业间溢出效应。但这种影响在长期内并不显著。相近行业的政府干预程度每提高 1%,本行业的产业价值链升级与软价值提升就会上升 3.476%。这是因为,政府对产业政策的调整和制定具有示范效应。相近行业在政府的干预下,产业价值链升级与软价值提升明显,会带动政府部门对本行业采取相似的政策干预,最终带来本行业产业价值链升级与软价值提升。这种效应在短期内存在,长期内影响不显著。产业研发强度对产业价值链升级与软价值提升的行业间溢出效应不显著。外商投资比重对产业价值链升级与软价值提升的行业间溢出效应不显著。这可能是因为,外商对相近行业的投资与外商对本行业的投资并没有必然的联系。相近行业的注意力配置对本行业产业价值链升级与软价值提升的行业间溢出效应不显著。

综上,要素配置质量提升对产业价值链升级与软价值提升不仅在短期内具有行业间溢出效应,而且在长期内仍有显著的行业间溢出效应。且长期的行业间溢出效应要大于短期内的行业间溢出效应,这与实际是相符的。

5.3.3.2　内生性说明

本章的模型中包含被解释变量的空间滞后项,同时也包含被解释变量的滞后一项,因此,模型中存在内生解释变量问题。为了处理内生解释变量问题,本章采用拟极大似然估计法,该方法可以很好地处理动态空间面板数据模型的内生性问题(Belotti, Hughes and Mortari,2016)。

回归方程中若有双向因果关系出现,也会导致严重的内生性问题。要素配置质量提升和产业价值链升级与软价值提升之间可能具有双向因果关系。另外,在建模过程中不可避免地会有遗漏变量,遗漏变量同样也会造成内生性问题。为了解决内生性问题对回归结果的可能影响,应采用工具变量法进行回归分析。

滞后一期的资本配置质量提升与当期的资本配置质量提升高度相关,而与随机干扰项一般不存在同期相关性,故滞后一期的资本配置质量提升可作为当期的资本配置质量提升的工具变量;同理,滞后一期的劳动配置质量提升可作为当期劳动配置质量提升的工具变量。而对于被解释变量的空间滞后项和滞后一期项,分别采用其 OLS 估计值作为工具变量。工具变量的回归结果见表5-5。

表 5-5　工具变量回归结果

	(1)	(2)	(3)	(4)	(5)	(6)
$Value_{-1}$	1.333 ***	1.683 ***	1.171 ***	0.144 ***	0.687 ***	0.166 **
	(91.64)	(36.01)	(12.01)	(3.21)	(4.97)	(2.26)
$Caqu$	0.739 ***	0.291 *	2.482 ***	0.320 ***	0.563 **	0.442 **
	(5.84)	(1.83)	(7.50)	(4.07)	(2.54)	(2.36)
$Laqu$	3.411 ***	2.520 ***	1.085 ***	1.815 ***	2.615 *	2.204 **
	(31.04)	(13.05)	(6.61)	(3.61)	(1.68)	(2.42)

续表

	（1）	（2）	（3）	（4）	（5）	（6）
Open		1.029 ***		1.373 *		1.074 **
		(7.46)		(1.88)		(2.29)
RD		5.876 ***		71.790 ***		69.640 **
		(10.75)		(2.62)		(2.24)
Gover		1.028 ***		0.901 ***		0.910 ***
		(6.14)		(2.69)		(2.66)
Foreign		−0.230 **		0.727 *		0.751
		(−2.36)		(1.79)		(0.98)
Atten		0.049 ***		0.021		0.005
		(6.98)		(0.85)		(0.64)
W × *Caqu*	−1.183 ***	−0.597 ***	−2.965 ***	−0.305 ***	−0.268 *	−0.095 **
	(−6.99)	(−2.80)	(−9.31)	(−2.63)	(−1.97)	(−2.15)
W × *Laqu*	2.840 ***	1.733 ***	7.207 ***	2.374 **	0.887 *	2.240 **
	(17.55)	(3.06)	(4.80)	(2.23)	(1.65)	(2.12)
W × *Open*		−1.883 ***		−3.527 ***		−2.640 ***
		(−5.83)		(−2.84)		(−3.59)
W × *RD*		−2.683 ***		−26.937		−20.332
		(−3.46)		(−0.98)		(−0.62)
W × *Gover*		2.219 ***		0.962 ***		1.098 ***
		(8.28)		(2.79)		(2.88)
W × *Foreign*		0.478		2.879		2.993
		(1.60)		(1.48)		(1.48)
W × *Atten*		0.043 **		0.030		0.017
		(2.28)		(0.36)		(0.39)
ρ	0.268 ***	0.184 **	3.837 ***	0.403 **	0.180	0.394 *
	(16.02)	(2.29)	(3.27)	(2.05)	(1.14)	(1.95)
时间固定	是	是	否	否	是	是
空间固定	否	否	是	是	是	是

续表

	(1)	(2)	(3)	(4)	(5)	(6)
观测值	90	90	90	90	90	90
logL	68.1928	54.2977	135.2538	157.0504	102.9568	139.6164
R-sqw	0.0403	0.0342	0.0534	0.6938	0.0319	0.3121
R-sqb	0.9691	0.9795	0.6710	0.6239	0.9348	0.7051
R-sqo	0.9504	0.9441	0.6450	0.6248	0.9156	0.6999

注: $*$、$**$、$***$ 分别表示通过 10%、5%、1% 水平下的显著性检验;括号内数值为 z 统计量。

表 5-5 中第(1)、(3)、(5)列为无控制变量回归结果,(2)、(4)、(6)列为加入了控制变量后的回归结果。

由表 5-5 可见,无论是无控制变量情况还是加入控制变量后的回归,其结果均与初步回归结果基本一致,即要素配置质量提升对产业价值链升级与软价值提升有显著的促进作用。

根据双向固定效应模型整理后的行业间溢出效应结果见表 5-6。

表 5-6　工具变量回归的行业间溢出效应

	Caqu	*Laqu*	*Open*	*RD*	*Gover*	*Foreign*	*Atten*
短期溢出效应	-0.765**	3.338***	-6.034**	-7.508	1.617*	7.929	0.009
	(-2.40)	(3.53)	(-2.03)	(-0.88)	(1.68)	(0.85)	(0.56)
长期溢出效应	-0.959***	3.413***	-4.471	-42.851	1.139	9.822	0.214
	(-4.19)	(3.24)	(-0.97)	(-0.82)	(0.48)	(0.23)	(0.35)

注: $*$、$**$、$***$ 分别表示通过 10%、5%、1% 水平下的显著性检验;括号内数值为 z 统计量。

表 5-6 结果与表 5-4 结果除了系数大小略有差别外,符号和显著性基本一致。进一步说明初步回归结果是可信的。

5.3.3.3　稳健性检验

为了验证经验回归结果的稳健性,本章还采用减少解释变量的方法和 OLS

回归的方法进行了稳健性检验。

（1）减少解释变量的方法。减少解释变量的稳健性回归结果见表5-7。

表5-7 减少解释变量的稳健性检验

	（1）	（2）	（3）	（4）	（5）	（6）
$Value_{-1}$	1.003 ***	0.371 ***	0.333 ***	1.213 ***	0.294 ***	0.305 ***
	(21.97)	(3.56)	(3.34)	(28.25)	(4.03)	(3.78)
$Caqu$	0.439 ***	0.140 *	0.334 **	0.054 **	0.198 **	0.209 ***
	(3.85)	(1.86)	(2.00)	(2.43)	(1.37)	(3.35)
$Laqu$	3.145 ***	1.810 **	2.491 **	1.053 ***	1.532 **	1.489 *
	(16.51)	(2.35)	(2.50)	(5.20)	(2.19)	(1.96)
$Open$	0.404 ***	1.816 ***	2.219 ***	0.489 ***	2.206 ***	2.242 ***
	(3.80)	(3.00)	(3.66)	(3.33)	(3.63)	(3.53)
RD	21.415 ***	33.263 **	34.668 **	17.286 ***	40.827 ***	41.460 ***
	(4.19)	(2.03)	(2.05)	(3.89)	(2.94)	(2.70)
$Gover$	0.794 ***	0.921 ***	0.995 ***	0.274 **	0.760 **	0.775 **
	(5.44)	(3.01)	(2.94)	(2.34)	(2.57)	(2.53)
$Foreign$				-0.351 *	0.776 *	0.805 *
				(-1.87)	(1.90)	(1.88)
$Atten$	0.016 **	0.015	0.036			
	(2.18)	(0.21)	(0.53)			
$W \times Caqu$	-0.100 **	-0.018 **	-0.416 **	-0.815 ***	-0.451 *	-0.473 **
	(-2.41)	(-2.12)	(-2.07)	(-3.43)	(-1.94)	(-2.06)
$W \times Laqu$	0.507 *	1.429	2.345 *	0.069 ***	3.016 **	3.247 **
	(1.86)	(0.67)	(1.76)	(3.12)	(2.06)	(2.39)
$W \times Open$	-3.875 ***	-1.358 *	-2.736 **	-0.077	-2.706 ***	-2.887 **
	(-13.21)	(-1.90)	(-2.52)	(-0.35)	(-2.65)	(-2.57)
$W \times RD$	-186.271 ***	-44.081 *	-44.412	-7.273	-38.470 **	-37.696
	(-20.01)	(-1.72)	(-1.64)	(-1.35)	(-2.25)	(-1.62)

续表

	(1)	(2)	(3)	(4)	(5)	(6)
$W \times Gover$	1.801 ***	2.119 **	2.270 **	0.792 ***	2.412 ***	2.347 **
	(5.96)	(2.22)	(2.31)	(4.31)	(2.82)	(2.56)
$W \times Foreign$				0.149	1.708	1.727
				(0.52)	(1.36)	(1.30)
$W \times Atten$	0.309 ***	0.053	0.282			
	(16.71)	(0.45)	(1.64)			
ρ	1.517 ***	0.228	0.313 **	0.160 **	0.314 **	0.324 *
	(17.68)	(1.42)	(2.10)	(2.10)	(2.15)	(1.79)
时间固定	是	否	是	是	否	是
空间固定	否	是	是	否	是	是
观测值	120	120	120	120	120	120
logL	94.9636	192.3771	83.4278	113.1783	197.7788	196.5417
R-sqw	0.0645	0.7188	0.6181	0.2798	0.7380	0.7364
R-sqb	0.8621	0.7072	0.4166	0.9949	0.6930	0.6989
R-sqo	0.8033	0.7073	0.4161	0.2798	0.6937	0.6994

注:*、**、***分别表示通过 10%、5%、1% 水平下的显著性检验;括号内数值为 z 统计量。

去掉解释变量外商投资比重($Foreign$),得到表 5–7 中第(1)列、第(2)列和第(3)列结果。去掉解释变量注意力配置($Atten$),得到表 5–7 中第(4)列、第(5)列和第(6)列结果。

第(1)列只控制了时间效应,第(2)列只控制了个体效应,第(3)列既控制了时间效应又控制了个体效应。第(1)列、第(2)列和第(3)列中各解释变量的系数显著性和符号与表 5–3 中相应解释变量的系数显著性和符号基本一致,只是系数大小略有差别,说明经验回归结果是稳健的。

第(4)列控制了时间效应,第(5)列控制了个体效应,第(6)列既控制了时间效应又控制了个体效应。从表 5–5 中可以看出,第(4)列、第(5)列和第(6)列中各解释变量的系数显著性和符号与表 5–3 中相应解释变量的系数显著性和符号基本一致,只是系数大小略有差别,说明经验回归结果是稳健的。

行业间溢出效应检验。结论 2 表明,劳动配置质量提升对产业价值链升级与软价值提升具有行业间的溢出效应,这种溢出效应已经从表 5 - 4 的结果得到验证。为了进一步说明表 5 - 4 的回归结果是稳健的,采用去掉解释变量外商投资比重($Foreign$)和去掉解释变量注意力配置($Atten$)的 DSDM 模型对表 5 - 4 所得结果进行稳健性检验,得到如表 5 - 8 所示结果。

表 5 - 8　行业间溢出效应的稳健性检验

	$Caqu$	$Laqu$	$Open$	RD	$Gover$	$Foreign$	$Atten$
短期溢出效应	-0.232 *** (-2.98)	1.750 ** (2.41)	-2.393 *** (-3.83)	-39.137 ** (-2.56)	0.724 ** (2.27)	0.857 * (1.83)	
	-0.798 *** (-3.12)	5.205 *** (3.54)	-5.268 * (-1.89)	-55.937 (-1.19)	2.934 * (1.70)		0.429 (1.62)
长期溢出效应	-4.834 * (-1.69)	25.995 *** (3.10)	-32.576 (-0.08)	-15.130 (-0.02)	13.669 (0.09)	15.400 (0.09)	
	-2.033 *** (-2.82)	13.358 *** (4.61)	-13.053 (-0.82)	-12.241 (-0.68)	6.081 (0.70)		0.944 (0.97)

注: * 、 ** 、 *** 分别表示通过 10% 、5% 、1% 水平下的显著性检验;括号内数值为 z 统计量。

从表 5 - 8 可以看出,各解释变量的符号和显著性与表 5 - 4 中的符号和显著性基本上一致。与表 5 - 4 中不同的是,系数大小略有差别。因此,经验回归中要素配置质量提升对产业价值链升级与软价值提升的行业间溢出效应也是稳健的。

(2)OLS 回归的方法。进行 OLS 回归估计,再次对变量间的关系和显著性进行检验,得到表 5 - 9 所示结果。

表 5 – 9　OLS 回归的稳健性检验

	系数	Z 值	系数	Z 值
	(1)	(2)	(3)	(4)
$Value_{-1}$	0.929 ***	48.84	0.877 ***	27.75
$Caqu$	0.015 **	2.13	0.039 ***	2.66
$Laqu$	0.317 **	2.57	0.248 **	2.49
$Open$			0.087 ***	3.03
RD			6.895 **	2.08
$Gover$			− 0.021	− 0.19
$Foreign$			0.040	0.23
$Atten$			− 0.001	− 0.18
常数项	0.389 ***	2.95	0.662 ***	3.31
R-sqw	0.4485	0.4773		
R-sqb	0.9972	0.9967		
R-sqo	0.9856	0.9860		

注：* 、** 、*** 分别表示通过 10%、5%、1% 水平下的显著性检验。

从表 5 – 9 的第(1)、(2)列可以看出,在没有加入控制变量的情况下,资本配置质量提升和劳动配置质量提升对产业价值链升级和软价值提升均在 5% 的显著性水平下具有显著正向影响。说明要素配置质量提升能够促进产业价值链升级和软价值提升,也进一步说明经验回归结果是稳健的。

加入控制变量之后,资本配置质量提升和劳动配置质量提升对产业价值链升级和软价值提升在 5% 的显著性水平下仍然具有显著正向影响。再一次说明经验回归结果是稳健的。

综上,本章的经验回归结果具有稳健性,所得结果是可靠的。

5.3.3.4　异质性探讨

王秀婷和赵玉林(2020)研究发现,研发存量和技术进步对低技术产业和高技术产业 TFP 的影响存在很大差异。类似地,在研究要素配置质量提升对产业价值链升级与软价值提升的影响时,也应将这种差异性考虑进去。因此,本书将分类讨论要素配置质量提升对低技术产业和高技术产业的产业价值链升级与软价值提升的影响。

分别对低技术产业和高技术产业①的面板数据进行动态面板 DSDM 估计，得到表5-10所示结果。

表5-10　低技术产业和高技术产业的 DSDM 估计

	低技术产业			高技术产业		
	(1)	(2)	(3)	(4)	(5)	(6)
$Value_{-1}$	0.453*** (9.76)	0.272** (2.55)	0.331*** (2.82)	0.384*** (3.82)	0.513*** (2.70)	0.484*** (3.69)
$Caqu$	0.088*** (4.98)	0.059*** (2.93)	0.052*** (3.30)	0.594*** (19.58)	0.216*** (3.66)	0.243*** (4.59)
$Laqu$	0.073*** (19.71)	0.005 (0.32)	0.012 (0.85)	0.125*** (2.98)	0.178*** (5.70)	0.005** (2.09)
$Open$	0.097*** (5.78)	0.126 (1.08)	0.156** (2.18)	0.463*** (7.55)	0.527*** (10.53)	0.470*** (6.39)
RD	22.046*** (24.32)	7.417*** (3.75)	4.279*** (3.22)	21.750*** (14.47)	2.254 (1.02)	2.480 (0.97)
$Gover$	0.218*** (17.37)	0.064 (1.34)	0.036 (1.41)	0.489*** (9.51)	-0.359*** (-3.27)	-0.140 (-1.53)

① 本书对低技术产业和高技术产业的划分，参照《中国高技术产业统计年鉴—2017》附录1中《高技术产业（制造业）分类（2013）》。低技术产业有："农副食品加工业""食品制造业""酒、饮料和精制茶制造业""烟草制品业""纺织业""纺织服装、服饰业""皮革、皮毛、羽毛及其制品和制鞋业""木材加工和木竹藤棕草制品业""家具制造业""造纸和纸制品业""印刷和记录媒介复制业""文教、工美、体育和娱乐用品制造业""石油、煤炭及其他燃料加工业""化学原料和化学制品制造业""化学纤维制造业""橡胶和塑料制品业""非金属矿物制品业""黑色金属冶炼和压延加工业""有色金属冶炼和压延加工业""金属制品业""汽车制造业""其他制造业"。高技术产业包括："医药制造业""通用设备制造业""专用设备制造业""铁路、船舶、航空航天和其他运输设备制造业""电器机械和器材制造业""计算机、通信和其他电子设备制造业""仪器仪表制造业""金属制品、机械和设备修理业"。

续表

	低技术产业			高技术产业		
	(1)	(2)	(3)	(4)	(5)	(6)
Foreign	-0.066***	0.103	0.085	-0.198*	-0.067	0.008
	(-3.07)	(0.87)	(1.23)	(-1.93)	(-1.43)	(0.09)
Atten	0.006***	0.018*	0.002*	0.038***	0.017	0.002
	(8.29)	(1.72)	(1.78)	(5.02)	(1.32)	(0.18)
W × Caqu	0.075*	0.011	0.013	-0.843***	-0.053	-0.066
	(1.81)	(0.17)	(0.23)	(-8.33)	(-0.96)	(-0.56)
W × Laqu	-0.206***	-0.025*	-0.043*	-1.174***	-0.014	-0.250***
	(-19.61)	(-1.75)	(-1.94)	(-12.41)	(-0.19)	(-3.05)
W × Open	0.506***	-0.246	0.002	-2.067***	0.499***	0.257
	(16.97)	(-1.33)	(0.01)	(-15.21)	(4.39)	(1.24)
W × RD	60.144***	0.064	1.817	41.552***	10.964***	10.020***
	(24.64)	(0.01)	(0.47)	(13.67)	(2.96)	(3.14)
W × Gover	-0.051	0.001	-0.087	-0.155***	0.575***	0.793***
	(-0.92)	(0.01)	(-0.65)	(-3.43)	(3.02)	(4.72)
W × Foreign	-1.213***	0.287***	0.357***	-2.588***	-0.200***	-0.297
	(-21.81)	(2.78)	(4.56)	(-10.21)	(-3.14)	(-1.30)
W × Atten	0.046***	0.002	-0.019	0.045***	-0.013	-0.066***
	(21.21)	(0.16)	(-0.82)	(3.81)	(-0.81)	(-4.68)
ρ	0.081	0.147	0.125	1.486***	0.798***	0.406
	(1.58)	(0.99)	(0.52)	(9.34)	(5.45)	(1.40)
时间固定	是	否	是	是	否	是
空间固定	否	是	是	否	是	是
观测值	88	88	88	32	32	32
logL	468.1640	352.4919	129.6015	96.0859	135.4939	-523.5480
R-sqw	0.3624	0.7145	0.0009	0.0445	0.9364	0.3870
R-sqb	0.9310	0.0856	0.5920	0.9927	0.6582	0.6808
R-sqo	0.6857	0.0713	0.5706	0.2460	0.6186	0.6274

注：*、**、***分别表示通过10%、5%、1%水平下的显著性检验；括号内数值为 z 统计量。

从表 5 - 10 可以看出,对于低技术产业,在时间固定的情况下,资本配置质量提升和劳动配置质量提升对产业价值链升级与软价值提升的影响在 1% 的显著性水平下显著为正。而在个体固定和双向固定的情况下,只有资本配置质量提升对产业价值链升级与软价值提升有显著正向影响,劳动配置质量提升对产业价值链升级与软价值提升的影响即使是在 10% 的显著性水平下仍然不显著。

对于高技术产业,在 5% 的显著性水平下,时间固定、个体固定和双向固定情况下,资本配置质量提升和劳动配置质量提升均对产业价值链升级与软价值提升具有显著的促进作用。

从回归系数的大小来看,在时间固定、个体固定和双向固定的情况下,高技术产业资本配置质量提升前的回归系数均大于低技术产业资本配置质量提升前的回归系数,说明高技术产业中资本配置质量提升对产业价值链升级与软价值提升的影响要大于低技术产业中资本配置质量提升对产业价值链升级与软价值提升的影响。在时间固定的情况下,高技术产业中劳动配置质量提升对产业价值链升级与软价值提升的影响大于低技术产业中劳动配置质量提升对产业价值链升级与软价值提升的影响。

综上,低技术产业和高技术产业中资本配置质量提升对产业价值链升级与软价值提升均具有显著的促进作用,高技术产业中劳动配置质量提升对产业价值链升级与软价值提升具有显著的促进作用,而低技术产业中劳动配置质量提升对产业价值链升级与软价值提升的促进作用不明显。

与前文相对应,下面进行分产业的行业间溢出效应分析。低技术产业和高技术产业的行业间溢出效应结果见表 5 - 11。

表 5 - 11　低技术产业和高技术产业的行业间溢出效应

	Caqu	Laqu	Open	RD	Gover	Foreign	Atten
低技术短期	0.023 (0.40)	- 0.006 (- 0.17)	0.081 (0.26)	0.677 (0.14)	- 0.102 (- 0.66)	0.410 *** (3.81)	- 0.031 (- 0.83)
低技术长期	0.081 (0.14)	- 0.044 (- 0.03)	0.851 (0.07)	18.149 (0.05)	- 0.183 (- 0.28)	1.632 (0.08)	- 0.311 (- 0.06)
高技术短期	- 0.125 (- 1.19)	- 0.169 ** (- 2.21)	0.058 (0.87)	0.420 (0.63)	0.404 ** (2.59)	- 0.025 (- 0.84)	- 0.001 (- 0.45)

续表

	Caqu	Laqu	Open	RD	Gover	Foreign	Atten
高技术 长期	-0.255 (-0.86)	-0.412 (-1.53)	0.336 (0.72)	2.467 (0.55)	0.970* (1.94)	-0.142 (-0.74)	-0.006 (-0.44)

注：*、**、***分别表示通过 10%、5%、1% 水平下的显著性检验；括号内数值为 z 统计量。

表 5-11 的结果显示，低技术产业和高技术产业中，资本配置质量提升对产业价值链升级与软价值提升的行业间溢出效应不显著。低技术产业中，劳动配置质量提升对产业价值链升级与软价值提升的行业间溢出效应不显著。高技术产业中，劳动配置质量提升对产业价值链升级与软价值提升的短期行业间溢出效应在 5% 的显著性水平下显著为负，长期行业间溢出效应不显著。

高技术产业中，劳动配置质量提升对产业价值链升级与软价值提升的短期行业间溢出效应为负，原因可能是高技术产业中行业间壁垒更高，R&D 人员专业性更强，在自身的领域内更专业。这种高精尖人才流向相近行业后，就不会流向本行业，从而降低了本行业的劳动配置质量。最终的结果是，相近行业劳动配置质量提升对产业价值链升级与软价值提升的行业间溢出效应为负。

5.4 本章小结

本章首先分析了要素配置质量提升对产业价值链升级与软价值提升的作用路径，接着借助理论模型解析了要素配置质量提升对产业价值链升级与软价值提升的作用机理，最后借助空间动态面板 DSDM 模型对理论分析所得结论进行验证。最终得出，在全样本下，资本配置质量提升和劳动配置质量提升对产业价值链升级与软价值提升有显著的促进作用。相近行业的资本配置质量提升对本行业产业价值链升级与软价值提升有显著的负向影响，而相近行业的劳动配置质量提升对本行业产业价值链升级与软价值提升有显著的正向影响。即资本配置质量提升对产业价值链升级与软价值提升存在负向的行业间溢出效应，劳动配置质量提升对产业价值链升级与软价值提升存在正向的行业间溢出效应。异质性探讨发现，低技术产业和高技术产业中资本配置质量提升能够促进产业价值链升级与软价值提升,而劳动配置质量提升对产业价值链升级与软价值提升的促进作用只在高技术产业中显著。行业间的溢出效应结果显示:低技术产业和高技术产业中,资本配置质量提升对产业价值链升级与软价值提升的行业间溢出效应不显著,这与全样本情况不同;高技术产业中,相近行业的劳动配置质量提升对本行业的产业价值链升级与软价值提升短期内具有显著的负向影响,长期内影响不显著,这一点也与全样本情况不同。

第 6 章　宏观制造业要素配置效率增强推动生产力高质量发展的作用机制

上一章从中观层面讨论了要素配置质量提升对产业价值链升级与软价值提升的影响。通过高质量的生产要素在行业间流动,行业内部高质量资本要素和高质量劳动要素的配置比例得到改善,即要素配置质量得到提升,进而推动产业价值链升级与软价值提升。然而,要实现制造业整体的高质量发展,除了微观企业层面要素配置的存量调整和中观行业层面要素配置的质量提升之外,还需从宏观上增强整个制造业生产要素的配置效率。通过增强整个制造业生产要素的配置效率,推动制造业整体生产力的高质量发展。因此,在微观企业层面要素配置存量调整推动产品高质量发展和中观行业层面要素配置质量提升推动产业价值链升级与软价值提升的理论机制研究之后,本部分将进一步讨论宏观要素配置效率增强推动制造业整体生产力高质量发展的理论机制。

6.1　要素配置效率增强对生产力高质量发展的作用路径

要素的配置会直接影响到企业的创新投入、产出及生产效率,进而影响企业的成长。在竞争机制的作用下,那些具有高生产效率和高要素收益率的企业可以赢得竞争。通过不断扩大生产规模,这些企业可以吸引更多高质量的生产要素,并促进高质量的生产要素聚集到生产率高、竞争力强的企业和行业中,从而实现生产要素的再配置。合理的要素再配置可以优化生产链条、提高要素使用效率,内生并沿袭一条"自我强化"的规模报酬递增的发展路径。资本要素使用效率的提高,可使基础设施、公共服务、金融等领域加快向社会资本开放,遏制资本过多投向股票市场等虚拟经济,使资本要素向实体经济的高技术企业、产业聚集。高质量人才培养力度的加强,可以提高企业自动化、信息化、智能化生产管理水平,加快提高劳动生产率。

　　要素配置效率提高,一方面可以通过减少信息不对称,增强市场透明度,促进高质量生产要素的自由流动和集聚,实现规模经济。另一方面,要素配置效率提高可以减少交易成本,提升各类有限的高质量生产要素使用效率,进而优化经济结构,释放市场机制活力,为制造业高质量发展提供指引。以互联网、大数据、新能源为代表的新兴产业的不可逆转之势的跨界融合,以及新产业、新业态对制造业企业的不断渗透,加快了传统产业生产、管理和产品销售等各个环节的转型。在动态的市场竞争中,那些具有创新活力、不断发明新技术和创新生产模式的企业,将获得更多竞争优势并吸引更多生产要素,生产更多高质量的产品。高质量的生产要素流入到创新活力强的企业,会促进企业在原有产业业态上进一步开发新兴产业,从而使产业结构得到调整和升级。因此,在市场机制作用下,要素配置效率的增强最终会推动整个制造业向更高质量发展。

　　要素配置效率增强推动制造业生产力高质量发展的作用路径可用图 6-1 表示如下。

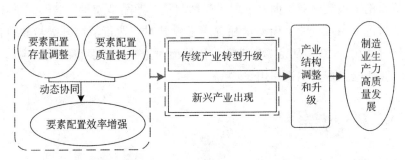

图 6-1　要素配置效率增强推动制造业生产力高质量发展的作用路径

要素配置效率的增强离不开要素的投入,单纯要素投入规模的扩大并不一定能生产出更多高质量产品,高质量生产要素的投入也不一定能带来产业价值链的升级与软价值的提升。在创新系统中,生产要素之间并不是孤立存在的,而是应具有协同关系,生产要素间的有效协同是发挥要素效能的重要基础。

高质量的生产要素并不是一成不变的。随着时间的推移,一般性生产要素和高质量生产要素之间会发生相互转化。在相互转化过程中,高质量生产要素的创新属性可能会被剥离并退化为一般性生产要素,一般性生产要素伴随着新技术的发展也有可能会演变成高质量生产要素。在市场机制的调节下,各类生产要素在各产业部门间受供求关系影响发生流动。在不同产业部门间同类生产要素的边际生产力逐渐趋于相等,各种资源在部门间分配逐渐从不合理趋向合理,要素配置存量调整和要素配置质量提升实现动态协调发展,要素配置效率得到增强,产业结构不断向高级化发展。当要素配置适应高质量发展阶段产业优化升级的需求,聚焦重点产业、重点区域和重大工程,与改造提升传统优势制造业相适应,与先进制造业和战略性新兴产业的发展相匹配时,要素配置效率增强促进传统产业转型升级和新兴产业的出现,进而推动制造业整体向更高质量发展。

6.2 要素配置效率增强促进生产力高质量发展的机理解析

要素配置的效率增强离不开要素配置存量调整与要素配置质量提升的协同作用,且为适应复杂的产业成长环境,这一协同作用是随时间动态调整的。第4章讨论了微观企业层面要素配置存量调整对产品高质量发展的促进作用;第5章讨论了中观行业层面要素配置质量提升对产业价值链升级与软价值提升的促进作用;本章将从宏观制造业整体层面讨论制造业要素配置效率增强对生产力高质量发展的促进作用。

6.2.1 模型设定

6.2.1.1 要素配置效率增强

假设经济体中存在 p 个行业,每个行业中又存在 q 个企业。每个企业都只使用资本和劳动两种生产要素进行生产。在每个企业生产过程中,资本要素和劳动要素可以在企业间流动。因此,每个企业中的生产要素都分为两部分,一部分为企业原有生产要素,一部分为其他企业流入的生产要素。其他企业流入的生产要素又分为本行业内部其他企业要素的流入和行业外部其他企业要素的流入两部分。本书将流入的生产要素称为要素配置存量调整。因此,企业中的资本要素和劳动要素可以表示为

$$K_{im} = K_{im}^0 + Cast_{ij} + \sum Cast_{jn} \qquad (6-1)$$

$$L_{im} = L_{im}^0 + Emst_{ij} + \sum Emst_{jn} \qquad (6-2)$$

(6-1)式和(6-2)式中 $i,j = 1,2,\cdots,p,p$ 代表行业数量, $m,n = 1,2,\cdots,q,q$ 代表企业数量。K_{im} 和 L_{im} 分别代表行业 i 中企业 m 的资本配置存量和劳动配置存量;K_{im}^0 和 L_{im}^0 分别代表行业 i 中企业 m 的原有的资本配置存量和劳动配置存量;$Cast_{im}$ 和 $Emst_{im}$ 代表行业内部不同企业间的要素配置存量调整;$\sum Cast_{jn}$ 和 $\sum Emst_{jn}$ 代表不同行业企业间的要素配置存量调整。

行业 i 中资本要素总量 K_i 和劳动要素总量 L_i 为

$$K_i = \sum_m K_{im} \qquad (6-3)$$

$$L_i = \sum_m L_{im} \qquad (6-4)$$

制造业整体的资本要素总量 K 和劳动要素总量 L 为

$$K = \sum_i K_i \qquad (6-5)$$

$$L = \sum_i L_i \qquad (6-6)$$

在不同企业间流动的生产要素既包含一般的生产要素,也包含高质量的生产要素。高质量的生产要素通过在企业间的流动和行业间的再配置,实现行业生产要素配置质量提升。最终,制造业总体生产要素的配置效率取决于微观企业生产要素配置存量的调整和中观行业生产要素配置质量的提升。因此,制造业整体的生产要素可表示为微观企业要素配置存量调整和中观行业要素配置质量提升的函数,即

$$K = K(Cast, Caqu, Emst, Laqu) \qquad (6-7)$$

$$L = L(Cast, Caqu, Emst, Laqu) \qquad (6-8)$$

式(6-7)和式(6-8)中 K 和 L 分别为制造业整体的资本和劳动,$Cast$ 和 $Emst$ 分别为微观企业资本配置存量调整和劳动配置存量调整,$Caqu$ 和 $Laqu$ 分别为中观行业资本配置质量提升和劳动配置质量提升。

企业要素配置存量调整和行业要素配置质量提升之后,设定制造业整体的要素投入用 X 表示,产出用 Y 表示,全要素生产率用 A 表示,依据 TFP 指数测算与分解模型(蔡跃洲、付一夫,2017),有

$$A = Y/X \qquad (6-9)$$

分别以 $\dot{A}$、$\dot{Y}$、$\dot{X}$ 表示全要素生产率、产出和投入对时间 t 的微分,对式(6-9)两边同时取对数并对时间 t 求导数,有

$$\frac{\mathrm{d}\ln A}{\mathrm{d}t} = \frac{\frac{\mathrm{d}A}{\mathrm{d}t}}{A} = \frac{\dot{A}}{A} = \frac{\mathrm{d}\ln\frac{Y}{X}}{\mathrm{d}t} = \frac{\mathrm{d}(\ln Y - \ln X)}{\mathrm{d}t} = \frac{\frac{\mathrm{d}Y}{\mathrm{d}t}}{Y} - \frac{\frac{\mathrm{d}X}{\mathrm{d}t}}{X} = \frac{\dot{Y}}{Y} - \frac{\dot{X}}{X}$$
$$(6-10)$$

假定生产函数规模报酬不变且要素报酬等于其边际产出,根据迪维西亚指数(Divisia Index)(Jorgenson and Griliches, 1967; Hulten, 1973; Christensen and Jorgenson, 1973)定义,可得

$$\frac{\dot{A}}{A} = \frac{\dot{Y}}{Y} - \frac{\dot{X}}{X} = \frac{\dot{Y}}{Y} - \sum_j v_j \frac{\dot{X}_j}{X_j} = \sum_i \varpi_i \frac{\dot{Y}_i}{Y_i} - \sum_j v_j \frac{\dot{X}_j}{X_j} \qquad (6-11)$$

式(6-11)中的 ϖ_i 和 v_j 分别代表各类产出和要素投入在总产出和总投入中所占的份额,且满足:$\sum \varpi_i = \sum v_j = 1$,$\varpi_i \geq 0$,$v_j \geq 0$。

由于本书仅考虑资本和劳动两种生产要素,公式(6-11)可简化为

$$\frac{\dot{A}}{A} = \frac{\dot{Y}}{Y} - \frac{\dot{X}}{X} = \frac{\dot{Y}}{Y} - (1-\beta)\frac{\dot{K}}{K} - \beta\frac{\dot{L}}{L} \qquad (6-12)$$

将式(6-12)拓展到各行业,有

$$\frac{\dot{A}_i}{A_i} = \frac{\dot{Y}_i}{Y_i} - (1-\beta_i)\frac{\dot{K}_i}{K_i} - \beta_i\frac{\dot{L}_i}{L_i} \qquad (6-13)$$

式(6-12)和式(6-13)中的 β 表示劳动产出弹性,或劳动投入在总投入(价值)中所占的份额。

将各行业部门资本投入、劳动投入占总投入比重分别设定为 $\theta_i^K = K_i/K$ 和 $\theta_i^L = L_i/L$,各行业部门要素投入变化情况和总产出增长率可以表示为

$$\frac{\dot{K_i}}{K_i} = \frac{\dot{K}}{K} + \frac{\dot{\theta_i^K}}{\theta_i^K} \qquad (6-14)$$

$$\frac{\dot{L_i}}{L_i} = \frac{\dot{L}}{L} + \frac{\dot{\theta_i^L}}{\theta_i^L} \qquad (6-15)$$

$$\frac{\dot{Y}}{Y} = \frac{\sum_i \dot{Y_i}}{Y} = \sum_i \left[\frac{\dot{Y_i}}{Y_i} \cdot \frac{Y_i}{Y} \right] = \sum_i \varpi_i \frac{\dot{Y_i}}{Y_i} \qquad (6-16)$$

将式(6-13)、(6-14)和(6-15)代入式(6-16),可得

$$\frac{\dot{Y}}{Y} = \sum_i \varpi_i \left\{ \frac{\dot{A_i}}{A_i} + (1-\beta_i)\left[\frac{\dot{K}}{K} + \frac{\dot{\theta_i^K}}{\theta_i^K} \right] + \beta_i \left[\frac{\dot{L}}{L} + \frac{\dot{\theta_i^L}}{\theta_i^L} \right] \right\} \qquad (6-17)$$

再将式(6-17)代入式(6-12),得

$$\frac{\dot{A}}{A} = \sum_i \varpi_i \left\{ \frac{\dot{A_i}}{A_i} + (1-\beta_i)\left[\frac{\dot{K}}{K} + \frac{\dot{\theta_i^K}}{\theta_i^K} \right] + \beta_i \left[\frac{\dot{L}}{L} + \frac{\dot{\theta_i^L}}{\theta_i^L} \right] \right\} - (1-\beta)\frac{\dot{K}}{K} - \beta\frac{\dot{L}}{L}$$

$$= \sum_i \varpi_i \left\{ \frac{\dot{A_i}}{A_i} + (1-\beta_i)\left[\frac{\dot{K}}{K} + \frac{\dot{\theta_i^K}}{\theta_i^K} \right] + \beta_i \left[\frac{\dot{L}}{L} + \frac{\dot{\theta_i^L}}{\theta_i^L} \right] \right\}$$

$$- (1-\beta)\frac{\dot{K}}{K} \sum_i \varpi_i - \beta\frac{\dot{L}}{L} \sum_i \varpi_i$$

$$(6-18)$$

对式(6-18)做进一步整理,得

$$\frac{\dot{A}}{A} = \sum_i \varpi_i \left\{ \frac{\dot{A_i}}{A_i} + (1-\beta_i)\left[\frac{\dot{K}}{K} + \frac{\dot{\theta_i^K}}{\theta_i^K} \right] - (1-\beta)\frac{\dot{K}}{K} + \beta_i\left[\frac{\dot{L}}{L} + \frac{\dot{\theta_i^L}}{\theta_i^L} \right] - \beta\frac{\dot{L}}{L} \right\}$$

$$= \sum_i \varpi_i \left\{ \frac{\dot{A_i}}{A_i} + (1-\beta_i)\frac{\dot{\theta_i^K}}{\theta_i^K} - (\beta_i-\beta)\frac{\dot{K}}{K} + \beta_i\frac{\dot{\theta_i^L}}{\theta_i^L} + (\beta_i-\beta)\frac{\dot{L}}{L} \right\}$$

$$(6-19)$$

式(6-19)中,$\sum_i \varpi_i [(1-\beta_i)\dot{\theta_i^K}/\theta_i^K - (\beta_i-\beta)\dot{K}/K]$ 反映了资本要素的配置情况,代表了宏观资本要素的配置效率;$\sum_i \varpi_i [\beta_i\dot{\theta_i^L}/\theta_i^L + (\beta_i-\beta)\dot{L}/L]$ 反映了劳动要素的配置情况,代表了宏观劳动要素的配置效率。用 *Caef* 表示资本配置效率,*Laef* 表示劳动配置效率,则有

$$Caef = \sum_i \varpi_i \left[(1 - \beta_i) \, \dot{\theta}_i^K / \theta_i^K - (\beta_i - \beta) \dot{K} / K \right] \qquad (6-20)$$

$$Laef = \sum_i \varpi_i \left[\beta_i \, \dot{\theta}_i^L / \theta_i^L + (\beta_i - \beta) \dot{L} / L \right] \qquad (6-21)$$

将 $\theta_i^K = K_i / K$ 和 $\theta_i^L = L_i / L$ 代入式(6-20)和式(6-21),得到

$$Caef = \sum_i \varpi_i \left[(1 - \beta_i) \left(\frac{\dot{K}_i}{K} \right) / \left(\frac{K_i}{K} \right) - (\beta_i - \beta) \dot{K} / K \right] \qquad (6-22)$$

$$Laef = \sum_i \varpi_i \left[\beta_i \left(\frac{\dot{L}_i}{L} \right) / \left(\frac{L_i}{L} \right) + (\beta_i - \beta) \dot{L} / L \right] \qquad (6-23)$$

由式(6-1)至式(6-8)可知,资本配置效率 $Caef$ 和劳动配置效率 $Laef$ 均是要素配置存量调整和要素配置质量提升的函数,即资本配置效率 $Caef$ 和劳动配置效率 $Laef$ 可写为

$$Caef = Caef(Cast, Caqu, Emst, Laqu) \qquad (6-24)$$

$$Laef = Laef(Cast, Caqu, Emst, Laqu) \qquad (6-25)$$

微观企业通过调整自身资本要素存量和劳动要素存量纠正要素配置扭曲,实现微观层面的生产要素再配置。中观行业通过高质量资本要素和高质量劳动要素在行业间的流动,纠正高质量生产要素行业间的要素配置扭曲,实现中观层面的要素再配置。在微观企业和中观行业的要素配置扭曲都得到矫正之后,制造业整体的要素配置效率就会提高(Hsieh and Klenow,2009)。

综上,微观企业要素配置存量调整和中观行业要素配置质量提升带来了宏观制造业整体的要素配置效率增强。

6.2.1.2 要素配置效率增强与生产力高质量发展

借鉴已有文献(Rivera-Batiz and Romer,1991;Lai, Peng and Bao,2006)分析要素配置效率增强对生产力高质量发展的影响。

(1)内生增长模型

借鉴两部门内生增长模型(Rivera-Batiz and Romer, 1991; Lai, Peng and Bao,2006),假定社会存在最终产品生产部门和家庭部门两个部门,资本市场和劳动力市场都是完全竞争的。

①最终产品生产部门。将资本表示为 K,劳动表示为 L。由于资本配置效率和劳动配置效率提高,同样的资本投入和劳动投入会带来更多的产出。为了

将要素配置效率增强带来的产出增加体现出来,本书将生产函数写为

$$Y = A (Caef \cdot K)^{1-\beta} (Laef \cdot L)^{\beta} \qquad (6-26)$$

由成本最小化,得

$$\text{s. t.} \quad \min\{rK + wL\} \qquad (6-27)$$

其中,A 为全要素生产率,$(1-\beta)$ 为 K 的产出弹性,β 为 L 的产出弹性,w 为工资率,r 为市场利率水平。

②家庭部门。消费和财富能给人们带来正的效用,居民要获得最大的效用,会将储蓄全部用于投资。因此,本部分假定企业增加资本投入所需资金全部来源于居民储蓄,即居民的总财富为 K。劳动会给人们带来不好的体验,故劳动给人们带来的效用为负。于是,家庭部门效用最大化函数可表示为

$$\max \int_0^{+\infty} (\ln C + \theta \ln K - \eta \ln L) e^{-\rho t} dt \qquad (6-28)$$

式中 C 为家庭部门消费,θ 和 η 分别表示财富和劳动对个体福利的重要性,ρ 为主观贴现率,θ、η 和 ρ 都大于 0。

消费者消费的产品数量与产品的性价比有关,消费者为了自身效用的最大化,会选择消费性价比高的产品,即消费者会选择消费质量好且价格低的产品。根据 Khandelwal、Schott、Wei(2013)的企业产品质量异质性模型,消费者消费的产品数量 q 可表示为

$$q = p^{-\sigma} Hdev^{\sigma-1} \frac{E}{P} \qquad (6-29)$$

式中 $Hdev$ 表示产品质量,本书用它代表制造业高质量发展。p 为产品价格,E 为消费者支出,P 为消费者面临的价格指数,σ($\sigma > 1$)为产品种类间的替代弹性。

由于假定社会只存在最终产品生产部门和家庭部门两个部门,(6-29)式中消费者消费的产品数量即为(6-28)式中家庭部门的总消费,即

$$C = q \qquad (6-30)$$

将(6-29)式和(6-30)式代入(6-28)式,得家庭部门效用最大化函数如下。

$$\max \int_0^{+\infty} \left[(\sigma-1)\ln Hdev - \sigma\ln p + (\ln E - \ln P) + \theta \ln K - \eta \ln L \right] e^{-\rho t} dt$$

$$(6-31)$$

K 为家庭部门总财富,也即为居民储蓄,其积累方程可以表示为

$$\dot{K} = wL + rK - C \qquad (6-32)$$

(2)市场一般均衡

①最终产品生产部门。厂商生产的最终目的是实现利润最大化,假定最终产品的价格为1,最终产品生产部门利润最大化函数为

$$\max \pi = A \, (Caef \cdot K)^{1-\beta} \, (Laef \cdot L)^{\beta} - rK - wL \qquad (6-33)$$

将(6-33)式分别关于 K 和 L 求一阶偏导数,并令其为零,可得利润最大化一阶条件如下。

$$(1-\beta) \cdot \frac{Y}{Caef \cdot K} = r \qquad (6-34)$$

$$\beta \cdot \frac{Y}{Laef \cdot L} = w \qquad (6-35)$$

②家庭部门。假设金融资本的积累全部来自于家庭部门,构建现值 Hamiltonian 函数

$$H_U = \left[(\sigma - 1)\ln Hdev - \sigma\ln p + (\ln E - \ln P) + \theta\ln K - \eta\ln L \right] e^{-\rho t} + \lambda(wL + rK - C) \qquad (6-36)$$

假定消费总支出和价格指数都为常数,且 $\dfrac{E}{P} = 1$。于是现值 Hamiltonian 函数变为

$$H_U = \left[(\sigma - 1)\ln Hdev - \sigma\ln p + \theta\ln K - \eta\ln L \right] e^{-\rho t} + \lambda(wL + rK - C)$$

$$(6-37)$$

将(6-37)式分别对控制变量 K、L、C 和共态变量 λ 求一阶偏导数,并结合伴随方程及(6-32)、(6-34)和(6-35)式,可得

$$Hdev = \left[\frac{\theta}{K} - \frac{\eta(1-\beta)}{\beta K \cdot Caef \cdot Laef} \right]^{\sigma - 1} \qquad (6-38)$$

由(6-38)式可知,制造业高质量发展 $Hdev$ 是资本配置效率 $Caef$ 和劳动配置效率 $Laef$ 的函数。

6.2.2 模型结论分析

由于 $\sigma - 1 > 0$,$1 - \beta > 0$,从(6-38)式可以看出,在保持其他因素不变的

情况下,资本配置效率 Caef 提升会促进制造业高质量发展 Hdev;同理,劳动配置效率 Laef 提升也会促进制造业高质量发展 Hdev。由此,得到结论1。

结论1:资本配置效率增强和劳动配置效率增强能够促进生产力的高质量发展。

由于示范效应的存在,当某地区资本配置效率和劳动配置效率提高带来生产力高质量发展时,邻近地区政府或制度质量相近地区政府会采取措施优化本地区的资本要素配置和劳动要素配置。因此,资本配置效率增强和劳动配置效率增强对生产力高质量发展的影响具有正向空间溢出效应。同时,邻近地区的引才措施也会影响本地区高质量劳动力的流入,对本地区生产力的高质量发展产生抑制作用。最终劳动要素配置效率增强对生产力高质量发展影响的空间溢出效应取决于正向空间溢出效应和负向空间溢出效应两种力量的强弱。当正向空间溢出效应大于负向空间溢出效应时,劳动配置效率增强对生产力高质量发展的空间溢出效应表现为正向空间溢出效应;反之,表现为负向空间溢出效应。因此,有如下结论。

结论2:要素配置效率增强对生产力的高质量发展具有空间溢出效应。资本配置效率增强对生产力高质量发展具有正向空间溢出效应;劳动配置效率增强对生产力高质量发展的空间溢出方向取决于正向空间溢出效应和负向空间溢出效应的强弱。

方大春和马为彪(2019)基于2012—2016年省际面板数据研究中国省际高质量发展的测度及时空特征时发现,省际高质量发展水平在空间上有明显的集聚效应,并且这种集聚效应正在加强。张学波等(2016)研究发现,在2000—2013年期间,京津冀地区县域间的经济发展也存在显著的空间溢出效应。据此,可以得到结论3。

结论3:生产力高质量发展具有空间溢出效应。

潘雅茹和罗良文(2020)在研究基础设施投资对经济高质量发展的影响时得出,受区域经济发展策略和各级政府财政收支的影响,基础设施投资对经济高质量发展的影响存在地区异质性。张月玲、叶阿忠和陈泓(2015)利用1996—2011年我国29个省份的面板数据研究发现,由于我国要素禀赋在各地区分布不均衡,全要素生产率的增长率表现出地区差异。程惠芳和陆嘉俊(2014)在研究知识资本对工业企业全要素生产率的影响时发现,工业企业知识资本投入对全要素生产率的影响存在明显的区域异质性,东中西三大区域差异明显。因此,得到结论4。

结论4:要素配置效率增强对生产力高质量发展的影响存在地区差异性。

6.3 要素配置效率增强促进生产力高质量发展的实证分析

前文已经证实,微观企业的要素配置存量调整促进了产品的高质量发展,中观行业的要素配置质量提升促进了产业价值链升级与软价值提升。上一节从理论上推导出要素配置效率增强可以推动制造业生产力的高质量发展。因此,本节将通过实证模型对上节理论推导所得结论进行验证。由上节可知,要素配置效率增强推动生产力高质量发展具有空间溢出效应,故采用空间计量经济学模型进行经验验证。

6.3.1 变量说明与数据来源

6.3.1.1 变量说明

(1)被解释变量生产力高质量发展($Hdev$)。生产力高质量发展指标,依据文献(Mlachila, Tapsoba and Tapsoba,2017;魏敏、李书昊,2018;李金昌、史龙梅、徐蔼婷,2019;马茹等,2019),采用"TFP 指数"、"污染指数"、"协调指数"和"共享水平"四个指标度量。TFP 指数基于 Malmquist 指数测算;污染指数采用"工业废水排放强度"指标测算;协调指数采用"私营企业主营业务收入/国有企业主营业务收入"测算;共享水平采用"各省份规模以上工业企业销售产值/全国规模以上工业企业销售总产值"测算。四个指标测算数据来源于中国能源数据库和国家统计局网站。

由于各指标计量单位不统一,需先将各指标进行标准化处理,再用主成分分析方法确定权重,进行加权合成,最终得到生产力高质量发展总指标。详细测算结果见附表2。

(2)解释变量要素配置效率增强。要素配置效率,是实现制造业可持续高质量发展、提升制造业全要素生产率的主要方式。宏观层面的资本要素和劳动要素配置效率越高,制造业的全要素生产率也会越高,制造业的高质量发展情况也会越好。本书将生产要素只分为资本要素和劳动要素两大类,因此,要素配置效率增强亦分为资本配置效率增强($Caef$)和劳动配置效率增强($Laef$)。资本配置效率增强($Caef$)采用资本的边际产出提高表示。资本的边际产出提高越多,生产力高质量发展程度越高。劳动配置效率增强($Laef$)采用劳动的边际产出提高表示。劳动的边际产出提高越多,生产力高质量发展程度越好。

(3)控制变量。为了避免遗漏变量可能带来的影响,在参考已有同类文献(宣旸、张万里,2020;余东华、田双,2019)的基础上,选取以下对制造业全要素生产率提升有重要影响的变量作为控制变量,具体为:

①人力资本积累(Edu)。人力资本积累用"平均受教育年限"表示(杨俊、李雪松,2007)。平均受教育年限越长,全要素生产率水平会越高。平均受教育年限按文盲(15 岁及 15 岁以上不识字或识字很少的人)人均受教育 1 年、小学人均受教育 6 年、初中人均受教育 9 年、高中人均受教育 12 年、大学(指大专以上)人均受教育 16 年进行加权计算。数据来源于中国宏观经济数据库,其中2010 年数据来源于中国人口普查与抽样调查数据库"第六次人口普查(2010,分省)"。预期人力资本积累对生产力高质量发展有正向影响。

②研发投入(rd)。用"规模以上工业企业 R&D 经费内部支出/工业增加值"表示。"规模以上工业企业 R&D 经费内部支出"用"固定资产投资价格指数"平减,"工业增加值"用"工业生产者出厂价格指数"平减。固定资产投资价格指数和工业生产者出厂价格指数数据来源于中国宏观经济数据库。由于固定资产投资价格指数中没有西藏数据,本书采用其余 30 个省份的平均值代替西藏数据。工业生产者出厂价格指数中 2003—2005 年中的西藏数据缺失,同样采用其余 30 个省份的平均值代替。"规模以上工业企业 R&D 经费内部支出"数据来源于中国科技数据库。"工业增加值"数据来源于中国宏观经济数据库。预期研发投入对生产力高质量发展具有正向影响。

③外商直接投资(Fdi)。采用"外商投资全社会固定资产投资/工业增加值"表示。"外商投资全社会固定资产投资"用"固定资产投资价格指数"平减,"工业增加值"用"工业生产者出厂价格指数"平减。外商投资全社会固定资产投资数据来源于中国宏观经济数据库。预期外商直接投资对生产力高质量发

展具有正向影响。

④政府干预（*Gov*）。用"地方财政支出/工业增加值"表示。地方财政支出数据来源于国家统计局网站的"地方财政一般预算支出"，采用"居民消费价格指数"平减。居民消费价格指数数据来源于中国宏观经济数据库。预期政府干预对生产力高质量发展具有负向影响，即政府的参与程度与生产力高质量发展负相关。

⑤基础设施（*Faci*）。采用"人均城市道路面积"表示。数据来源于中国区域经济数据库。预期基础设施建设对生产力高质量发展具有正向影响。

文中被解释变量、解释变量及控制变量的定性描述见表6-1。表6-1中所有数据均为以2002年为基期的实际值。

表6-1　各变量的定性描述

变量类别	符号	含义	度量指标及说明
被解释变量	*Hdev*	TFP指数	基于Malmquist指数测算
		污染指数	工业废水排放强度
		协调指数	私营企业主营业务收入/国有企业主营业务收入
		共享水平	各省份规模以上工业企业销售产值/全国规模以上工业企业销售总产值
解释变量	*Caef*	资本配置效率增强	（当年资本的边际产出－上一年资本的边际产出）/上一年资本的边际产出
	Laef	劳动配置效率增强	（当年劳动的边际产出－上一年劳动的边际产出）/上一年劳动的边际产出

续表

变量类别	符号	含义	度量指标及说明
控制变量	Edu	人力资本积累	平均受教育年限
	rd	研发投入	规模以上工业企业 R&D 经费内部支出/工业增加值
	Fdi	外商直接投资	外商投资全社会固定资产投资/工业增加值
	Gov	政府干预	地方财政支出/工业增加值
	Faci	基础设施	人均城市道路面积

6.3.1.2　全要素生产率测算①

全要素生产率(TFP)是"给定单位要素投入组合能够获得的产出(组合)"。由于投入组合和产出组合的多样性和不确定性,很难计算 TFP 的绝对值;经济分析中讨论更多的是 TFP 的变化,"TFP 增长率"或"TFP 指数"。对于宏观层面的面板数据,DEA 方法是更合适的方法(田友春、卢盛荣、靳来群,2017)。DEA 方法根据计算指数的不同,可分为不同的类型(O'Donnell,2014),例如基于 Malmquist 指数、Törnqvist 指数、Luenberger 指数、Hicks-Moorsteen 指数、Färe-Primont 指数等的 DEA 方法等,常用的是 Malmquist 生产率指数(MPI)。本书对 MPI 的测算依据的是 Färe 等(1994)的 DEA 方法。

由于 2017 年部分省份层面的数据未公布,本章的样本数据选取了 2003—2016 年 31 个省份规模以上工业企业的销售产值、平均用工人数、新增固定资产、本年折旧、累计折旧、固定资产原价、工业生产者出厂价格指数等数据,采用 DEA-Malmquist 指数法测算规模以上工业企业的全要素生产率增长动态变化。数据来源于 EPS 数据平台和中经网统计数据库。

(1)产出。采用"规模以上工业企业的销售产值"作为产出指标,以 2002 年为基期,使用每年各省份的"工业生产者出厂价格指数"对产出指标进行平减,以消除价格因素对产出变动的影响。

---

① Malmquist 指数具体测算结果见附表6。

（2）资本投入。以规模以上工业企业实际资本存量为基础，使用永续盘存法计算，列式为

$$K_t = \frac{I_t}{P_t} + (1 - \delta)K_{t-1} \qquad (6-39)$$

其中，I_t 为当年名义投资额，采用"新增固定资产"作为各省份规模以上工业企业的资本投资额；P_t 为各省份的"工业生产者出厂价格指数"；δ_t 为当年折旧率，根据"规模以上工业企业本年折旧"和"固定资产原价"的比例计算得出；K_t 和 K_{t-1} 分别为第 t 年和第 $t-1$ 年的实际资本存量，初始年份的资本存量为2002 年固定资产净值。数据来源于 EPS 数据平台和中经网统计数据库。

（3）劳动投入。用"规模以上工业企业平均用工人数"表示。各省份"规模以上工业企业平均用工人数"的数据来自 EPS 数据平台。

6.3.1.3　要素配置效率测算

要素的合理化配置是供给侧改革的重要组成部分，也是制造业高质量发展的关键。各生产要素间并不是孤立存在的，为适应复杂的企业成长环境，各生产要素会随着时间进行动态调整，表现为微观企业要素配置存量调整与中观行业要素配置质量提升的动态协同。要素配置存量调整与要素配置质量提升的这种动态协同最终会带来宏观制造业资本配置效率和劳动配置效率的增强。

对于资本配置效率的增强，本书采用"资本的边际产出提高"进行测算，对于劳动配置效率增强采用"劳动的边际产出提高"进行测算。

6.3.2　计量经济方程建立

国民经济是一个复杂的整体，各省份间的经济有着广泛的联系。一般来说，距离越近的省份联系越密切，制度越相近的省份知识溢出越容易。因此，结合数据的可得性，本部分采用 2003—2016 年[①] 31 个省份规模以上工业企业的宏观数据分析要素配置效率增强对生产力高质量发展的直接与间接效应，并以省份间地理距离和各省份的制度质量为基础构建空间权重矩阵，通过 SDM 模

---

① 由于涉及的部分指标数据截止到 2016 年，故本章所用数据范围为 2003—2016 年。

型对理论分析所得结论进行验证。

6.3.2.1　空间权重矩阵

从现有文献来看,目前最常使用的空间权重矩阵是邻接矩阵和地理距离矩阵。但两者都存在不足之处。邻接矩阵仅考虑空间中的个体是否相邻,无法反映位置相近但不相邻的地区之间的空间影响。地理距离矩阵虽然能够弥补这个缺陷,但仍然不能较为全面地反映生产力高质量发展的空间关联。地区之间生产力的高质量发展不仅受地理位置的影响,还与各地区的制度水平直接相关。具有包容性和开放性的地区总是更容易进行产业互动和技术交流与合作,而制度规范差异较大的地区间往往难以形成有效的产业合作和技术交流(陶长琪、彭永樟、李富强,2019)。基于此,本部分参考已有文献(侯新烁、张宗益、周靖祥,2013),将地理区位和制度关联因素放进空间权重矩阵。

$$W_{ij} = \begin{cases} 0 & ,i = j \\ (SQ_i \times SQ_j)/d_{ij}^2 & ,i \neq j \end{cases} \qquad (6-40)$$

其中 SQ_i 和 SQ_j 分别表示地区 i 和地区 j 的制度质量。

6.3.2.2　制度质量的测算

制度的完善程度即为制度质量,很难量化,但它的好坏会直接影响到区域的生产要素配置,而区域内生产要素的配置效率对生产力高质量发展有着重要影响。一般来说,在其他条件相同的情况下,制度质量好的地区,要素配置效率会更高,经济表现会更好(North Douglass,1990)。关于制度质量的量化,不同学者根据自身研究的侧重点,设计了不同的测度方法(戴翔、金碚,2014)。参照王小鲁、樊纲、余静文(2017)的中国分省份市场化指数报告,选择如下指标测度制度质量:政府支持度、产权保护度、非国有经济发展度和要素市场发育度。"非国有经济发展度"和"要素市场发育度"两个指标参照了王小鲁、樊纲、余静文(2017)的做法。鉴于数据的可得性,本书分别采用"非国有经济就业人数/城镇总就业人数"和"FDI/GDP"衡量。"产权保护度"指标没有单独采用王小鲁、樊纲、余静文(2017)的"三种专利申请批准数量/科技人员数"方式测算,而是结合了金祥荣、茹玉骢、吴宏(2008)的"GDP/地区财政收入中罚没收入"指标作为补充。原因在于,各地区科研人员能力的高低与地方产权保护相关度较低,采用"GDP/地区财政收入中罚没收入"指标补充可以更好地体现地方的"产权保护"。"政府支持度"指标的衡量,采用了陶长琪和彭永樟(2018)的做法,用"科技经费筹集额中政府资金/R&D 经费"衡量。制度质量指标构成见表 6-2。

表 6-2 制度质量指标构成

制度质量指标	明细指标
政府支持度	科技经费筹集额中政府资金/R&D 经费
产权保护度	GDP/地区财政收入中罚没收入
	三种专利申请批准数量/科技人员数
非国有经济发展度	非国有经济就业人数/城镇总就业人数
要素市场发育度	FDI/GDP

注:表中指标数据来源于 2003—2016 年《中国科技统计年鉴》、《中国统计年鉴》、中经网统计数据库和 EPS 数据库。

依据王小鲁、樊纲、余静文(2017)单项指数的形成方法计算各单项指标得分,为避免主观随机因素干扰,选用主成分分析法确定各单项指数权重,用所得权重合成总指数。中国各地区制度质量计算结果见附表 5。

从附表 5 的结果可以看出,各省区的制度质量存在明显的区域特征。表现为东部地区大部分省份制度质量较高,中部地区省份制度质量居中,西部地区省份制度质量较低,这与实际相符。因此,在研究要素配置效率增强对生产力高质量发展的影响时,应充分考虑制度质量的这种区域特征。正因为如此,本书通过将制度质量与地理距离结合构建空间权重矩阵,将制度质量与地理距离的综合影响体现在要素配置效率增强对生产力高质量发展的影响中。

6.3.2.3 空间自相关性检验

本书以生产力高质量发展指数的对数 ln$Hdev$ 为属性值,利用构建的空间权重矩阵,通过 Moran's I 这一统计量来说明被解释变量的空间自相关性。若被解释变量生产力高质量发展存在空间自相关性,则说明经验数据与理论分析相符,考虑建立含有被解释变量空间滞后项的计量经济学模型对理论分析所得结论进行检验是合适的。

表 6 - 3 中计算了 2004—2016 年各年的 Moran's I 统计量。[①]

表 6 - 3 潜在的空间自相关性检验

年份	Moran's I	Z 值	年份	Moran's I	Z 值
2004	0.154**	2.05	2011	0.083*	1.39
2005	0.184***	2.38	2012	0.100*	1.50
2006	0.174**	2.27	2013	0.037*	1.57
2007	0.141**	1.92	2014	0.105*	1.53
2008	0.116**	1.65	2015	0.078	1.23
2009	0.138**	1.89	2016	0.075**	1.73
2010	0.178**	2.30			

注: *、**、*** 分别表示通过 10%、5%、1% 水平下的显著性检验。

从表 6 - 3 结果可以看出,除 2015 年外,选定的研究时段内各年份的 Moran's I 统计量在 10% 的显著性水平下都是显著的,说明各个省份的生产力高质量发展存在空间自相关性,应该采用空间计量经济学模型进行估计。

6.3.2.4 计量经济方程设定

根据理论模型的分析及 Moran's I 的空间自相关性检验结果,选取空间杜宾模型(Spatial Durbin Model,SDM)对 6.2 节所得结论进行检验。

空间杜宾模型是空间滞后模型与空间误差模型的一般形式。它同时考虑了被解释变量(本书用生产力高质量发展来量化)的空间滞后项和解释变量的空间滞后项对被解释变量的影响,能够有效捕捉不同的来源所产生的外部性和溢出效应(LeSage,2008)。空间杜宾模型的一般形式如下。

$$Y_{it} = \rho \sum_{i \neq j} w_{ij} Y_{it} + \beta X_{it} + \lambda \sum_{i \neq j} w_{ij} X_{it} + \mu_i + \varepsilon_{it} \qquad (6-41)$$

---

① 因为采用 Malmquist 指数计算会损失一年的观测值,所以本书实际用于回归的数据为 2003—2016 年。

其中,Y 为被解释变量,X 为解释变量(包括控制变量),W 为空间权重矩阵,ρ 为空间自回归系数,β 和 λ 为待估计的常数回归参数向量。对空间杜宾模型设定假设约束条件可将空间杜宾模型简化成空间滞后模型或空间自回归模型。通过检验 λ 是否等于 0,可判断空间杜宾模型是否可以简化为空间自回归模型;通过检验 ρ 是否等于 0,可判断空间杜宾模型是否可以简化为空间滞后模型。

根据前面的理论分析,资本配置效率增强和劳动配置效率增强能够促进生产力高质量发展,且资本配置效率增强和劳动配置效率增强对生产力的高质量发展均具有空间溢出作用,生产力高质量发展本身也会对相邻地区产生溢出效应。地区之间的溢出效应除了受地理区位的影响外,还与两个地区的制度水平存在直接关联。因此,在研究要素配置效率增强对生产力高质量发展的影响时,应采用基于地理区位和制度关联的综合权重矩阵,结合(6 – 41)式中 SDM 模型的一般形式,本章最终实证模型设定为

$$\ln Hdev_{it} = \rho \sum_j w_{ij}\ln Hdev_{it} + \beta_1 \ln Caef_{it} + \beta_2 \ln Laef_{it} + \lambda_1 \sum_j w_{ij}\ln Caef_{it} +$$

$$\lambda_2 \sum_j w_{ij}\ln Laef_{it} + \sum_k \beta_k x_{ikt} + \lambda_k{}' \sum_j w_{ij}x_{ikt} + \mu_i + \varepsilon_{it} \qquad (6 – 42)$$

其中 i 表示省份,t 表示时间,ρ、β 和 λ 是回归系数,μ_i 表示个体固定效应,ε_{it} 表示误差项。x_{ikt} 是控制变量,包括人力资本积累($\ln Edu$)、研发投入($\ln rd$)、外商直接投资($\ln Fdi$)、政府干预($\ln Gov$)和基础设施($\ln Faci$)。$\sum_j w_{ij}\ln Hdev_{it}$ 表示生产力高质量发展($\ln Hdev$)的区域间溢出效应,$\sum_j w_{ij}\ln Caef_{it}$ 表示资本配置效率增强($\ln Caef$)对生产力高质量发展($\ln Hdev$)的区域间溢出效应,$\sum_j w_{ij}\ln Laef_{it}$ 表示劳动配置效率增强($\ln Laef$)对生产力高质量发展($\ln Hdev$)的区域间溢出效应。

6.3.3　回归结果分析

6.3.3.1　模型估计

(1)变量平稳性检验。为了防止"伪回归"问题的出现,在进行 SDM 模型估

计之前,需要对面板数据进行平稳性检验。本书选取 Fisher 检验和 IPS 检验,通过两者的相互印证增强检验结果的有效性。检验结果见表 6 - 4。

表 6 - 4　变量平稳性检验

变量	检验方法(水平值)		变量	检验方法(水平值)	
	Fisher 检验	IPS 检验		Fisher 检验	IPS 检验
ln$Hdev$	- 6.887 ***	- 4.152 ***	lnrd	- 6.918 ***	- 1.986 **
ln$Caef$	- 8.198 ***	- 6.170 ***	lnFdi	- 7.288 ***	- 4.249 ***
ln$Laef$	- 9.311 ***	- 7.908 ***	lnGov	- 6.246 ***	1.936 **
lnEdu	- 8.245 ***	- 4.527 ***	ln$Faci$	- 7.912 ***	- 2.274 **

注:*、**、*** 分别表示通过 10%、5%、1% 水平下的显著性检验。

从表 6 - 4 可以看出,变量通过了两种指标下的平稳性检验,说明各个指标可以直接进行模型的估计。

(2)SDM 模型估计。本章所选面板数据是各省份的宏观统计数据,不是随机选取的,因此,适合选用固定效应的 SDM 模型进行估计。分别采用邻接权重矩阵和本章构建的综合权重矩阵进行固定效应的 SDM 模型估计,得到表 6 - 5 所示结果。

表 6 - 5　SDM 模型的固定效应估计①

	邻接矩阵		综合权重矩阵	
	系数	Z 值	系数	Z 值
ln$Caef$	0.432 ***	10.00	0.426 ***	10.19
ln$Laef$	0.451 ***	8.98	0.472 ***	9.68
lnEdu	0.065 *	1.78	0.102 *	1.71
lnrd	0.557 **	2.25	0.201 **	2.20

① 本章如无特别说明,空间计量经济学模型均采用双向固定效应回归。

续表

	邻接矩阵		综合权重矩阵	
	系数	Z 值	系数	Z 值
$\ln Fdi$	0.027	0.48	0.019	0.35
$\ln Gov$	-0.065***	-2.59	-0.136***	-5.51
$\ln Faci$	0.054***	5.17	0.051***	5.18
$W \times \ln Caef$	-0.394***	-5.41	-0.366***	-4.61
$W \times \ln Laef$	-0.418***	-5.95	-0.495***	-5.64
$W \times \ln Edu$	0.059	0.95	0.106*	1.75
$W \times \ln rd$	0.653*	1.79	-0.501	-1.26
$W \times \ln Fdi$	-0.057	-0.51	-0.135	-0.90
$W \times \ln Gov$	0.051**	2.28	0.030	0.53
$W \times \ln Faci$	0.046**	2.58	0.067***	3.21
ρ	0.405***	7.70	0.541***	8.92
观测值	403		403	
LogL	873.4710		893.9302	
R-sqw	0.5555		0.5992	
R-sqb	0.2766		0.2632	
R-sqo	0.3282		0.3271	

注:*、**、***分别表示通过10%、5%、1%水平下的显著性检验;括号内数值为 z 统计量。

从表6-5的回归结果可见,解释变量的空间滞后项前的系数不全为零,$\lambda + \rho\beta$ 也不等于0。因此,空间杜宾模型不可以简化为空间滞后模型,也不可以简化为空间误差模型。

表6-5的估计结果显示,在两种权重矩阵下,资本配置效率增强和劳动配置效率增强的系数均在1%的显著性水平下显著为正,即资本配置效率增强和劳动配置效率增强均具有显著的正向影响,说明资本配置效率增强和劳动配置

效率增强均会促进生产力的高质量发展。结论1成立。

综合权重矩阵下,资本配置效率增强的空间滞后项前的系数在1%的显著性水平下显著为负,说明邻近地区的资本配置效率增强对本地区的生产力高质量发展具有抑制作用。这主要是因为,用于研发新产品的高质量资本流入了相邻地区,就不会同时流入本地区,流入本地区的高质量资本就会减少,造成本地区资本配置质量下降,从而带来本地区资本配置效率下降,抑制本地区生产力的高质量发展。劳动配置效率增强的空间滞后项前的系数在1%的显著性水平下显著为负,说明邻近地区的劳动配置效率增强对本地区的生产力高质量发展具有负向影响。这是由于高质量的劳动力总数是有限的,高质量的劳动力流向邻近地区的数量越多,流向本地区的数量就会越少,降低本地区高质量劳动力的流入量,从而降低本地区劳动配置效率,抑制本地区生产力的高质量发展。因此,资本配置效率增强和劳动配置效率增强对生产力的高质量发展均具有负向空间溢出效应,结论2成立。

ρ 的值在1%的显著性水平上显著为正,说明生产力高质量发展具有正的空间相关性,结论3成立。

控制变量中除了外商直接投资影响不显著外,其余变量均具有预期影响。说明本章所选控制变量是合理的。

从表6-5中还可以进一步看出,采用邻接权重矩阵所得结果与选用综合权重矩阵所得结果相似,这进一步验证了结论1、结论2和结论3的成立。

(3)空间溢出效应。为了更精准地测度资本配置效率增强和劳动配置效率增强对生产力高质量发展的空间溢出效应,根据表6-5的结果,基于双向固定效应的SDM模型,对解释变量的间接效应进行估算,用以反映资本配置效率增强和劳动配置效率增强的空间溢出效应,结果如表6-6所示。

表6-6　解释变量对生产力高质量发展的空间溢出效应

	$\ln Caef$	$\ln Laef$	$\ln Edu$	$\ln rd$	$\ln Fdi$	$\ln Gov$	$\ln Faci$
综合权重矩阵	-0.268 * (-1.76)	-0.498 *** (-3.05)	0.101 * (1.73)	-1.057 (-1.45)	-0.235 (-0.70)	0.093 (0.80)	0.197 *** (4.48)

续表

	ln*Caef*	ln*Laef*	ln*Edu*	ln*rd*	ln*Fdi*	ln*Gov*	ln*Faci*
邻接权重矩阵	−0.372***	−0.335***	0.047	0.648	−0.094	0.035	0.107***
	(−3.62)	(−3.26)	(0.78)	(1.21)	(−0.51)	(0.63)	(4.33)

注:*、**、***分别表示通过 10%、5%、1% 水平下的显著性检验;括号内数值为 z 统计量。

从表 6−6 结果可见,资本配置效率增强的系数在 10% 的显著性水平下显著为负,劳动配置效率增强的系数在 1% 的显著性水平下显著为负。资本配置效率增强前面的系数为 −0.268,说明相邻地区资本配置效率增强每提高 1%,会导致本地区的生产力高质量发展下降 0.268%;劳动配置效率增强前面的系数为 −0.498,说明相邻地区的劳动配置效率增强每上升 1%,会导致本地区的生产力高质量发展下降 0.498%;邻接权重矩阵所得结果与综合权重矩阵所得结果除了系数大小略有差别外,符号和显著性基本一致。这进一步说明资本配置效率增强和劳动配置效率增强对生产力高质量发展的影响具有空间溢出效应。结论 2 成立。

6.3.3.2　内生性说明

本章模型中包含被解释变量的空间滞后项,因此,模型中存在内生解释变量问题。为了处理内生解释变量问题,本章采用拟极大似然估计法,该方法可以很好地处理空间面板数据模型的内生性问题(Belotti, Hughes and Mortari, 2016)。

要素配置效率增强和生产力高质量发展之间可能互为因果关系,即要素配置效率增强会促进生产力高质量发展,反过来,生产力高质量发展也会提高要素配置效率。除此之外,建模过程中不可避免的遗漏变量问题也会造成内生性问题。因此,本章继续采用工具变量法对初步回归结果进行检验。

采用滞后一期的资本配置效率增强作为当期资本配置效率增强的工具变量,滞后一期的劳动配置效率增强作为当期劳动配置效率增强的工具变量,采用被解释变量的 OLS 估计值作为被解释变量空间滞后项的工具变量。得到表

6－7 和表6－8 所示结果。

表6－7　工具变量回归结果

	邻接权重矩阵		综合权重矩阵	
	系数	Z 值	系数	Z 值
ln$Caef$	0.435***	9.32	0.446***	9.82
ln$Laef$	0.465***	8.65	0.471***	9.03
lnEdu	0.007**	2.12	0.033*	1.83
lnrd	0.527**	2.13	0.107**	2.42
lnFdi	0.014	0.24	0.012	0.22
lnGov	－0.038	－1.44	－0.099***	－3.91
ln$Faci$	0.044***	3.78	0.040***	3.70
$W \times$ ln$Caef$	－0.433***	－5.54	－0.507***	－5.66
$W \times$ ln$Laef$	－0.432***	－5.91	－0.402***	－5.11
$W \times$ lnEdu	0.005	0.58	0.037*	1.72
$W \times$ lnrd	0.514	1.42	－0.310	－0.78
$W \times$ lnFdi	－0.117	－1.06	－0.242	－1.48
$W \times$ lnGov	0.044**	2.02	0.015	0.27
$W \times$ ln$Faci$	0.032*	1.74	0.051**	2.22
ρ	0.399***	7.27	0.547***	8.63
观测值	372		372	
LogL	139.6164		139.6164	
R-sqw	0.5536		0.5946	
R-sqb	0.1347		0.2605	
R-sqo	0.2083		0.3241	

　　注：*、**、***分别表示通过 10%、5%、1% 水平下的显著性检验；括号内数值为 z 统计量。

表6-8　工具变量回归的空间溢出效应

	ln*Caef*	ln*Laef*	ln*Edu*	ln*rd*	ln*Fdi*	ln*Gov*	ln*Faci*
综合权重矩阵	-0.320** (-2.12)	-0.524*** (-3.11)	0.036* (1.70)	-0.791 (-1.08)	-0.472 (-1.28)	0.084 (0.71)	0.154*** (3.28)
邻接权重矩阵	-0.394*** (-3.72)	-0.387*** (-3.53)	0.001 (0.84)	0.450 (0.86)	-0.178 (-0.98)	0.040 (0.68)	0.079*** (3.00)

注：*、**、***分别表示通过10%、5%、1%水平下的显著性检验；括号内数值为 z 统计量。

从表6-7结果可见,无论空间权重采用邻接权重矩阵还是综合权重矩阵,结果均与初步回归结果基本一致,即要素配置效率增强对生产力高质量发展有显著的促进作用。

表6-8结果与表6-6结果除了系数大小略有差别外,符号和显著性基本一致。进一步说明初步回归结果是可信的。

6.3.3.3　稳健性检验

(1)更换空间权重矩阵的稳健性检验。采用邻接权重矩阵对SDM模型再次估计,结果见表6-5和表6-6。表6-5和表6-6中邻接权重矩阵估计结果与综合权重矩阵估计结果相似,主要解释变量的符号和显著性基本一致,说明采用综合权重矩阵的SDM模型估计结果是可靠的。

(2)更换估计模型的稳健性检验。分别采用SAR模型、动态SAR模型(DSAR)、动态SDM模型(DSDM)、SEM模型和SAC模型进行稳健性检验。所得结果见表6-9。

表 6 - 9　不同空间模型固定效应估计

	SAR	DSAR	DSDM	SEM	SAC
$\ln Hdev_{-1}$		0.390 *** (9.32)	0.348 *** (10.08)		
$W \times \ln Hdev_{-1}$		-0.274 *** (-3.25)	-0.264 *** (-3.45)		
$\ln Caef$	0.313 *** (6.89)	0.287 *** (6.18)	0.378 *** (9.00)	0.425 *** (9.89)	0.416 *** (9.77)
$\ln Laef$	0.285 *** (5.58)	0.371 *** (7.08)	0.547 *** (11.36)	0.483 *** (9.66)	0.474 *** (9.59)
$\ln Edu$	0.035 ** (2.53)	0.029 ** (2.28)	0.052 (0.96)	0.016 (0.28)	0.029 (0.56)
$\ln rd$	0.362 * (1.81)	0.020 (1.32)	0.121 (0.52)	0.372 (1.45)	0.332 (1.44)
$\ln Fdi$	0.110 * (1.83)	0.057 (0.97)	0.035 (0.68)	0.004 (1.15)	0.010 (1.08)
$\ln Gov$	-0.010 (-0.45)	-0.038 * (-1.66)	-0.051 ** (-2.18)	-0.076 *** (-3.09)	-0.074 *** (-3.09)
$\ln Faci$	0.087 *** (8.73)	0.061 *** (5.34)	0.030 *** (2.93)	0.046 *** (4.71)	0.044 *** (4.60)
$W \times \ln Caef$			-0.371 *** (-5.11)		
$W \times \ln Laef$			-0.555 *** (-6.77)		
$W \times \ln Edu$			0.052 (0.96)		

续表

	SAR	DSAR	DSDM	SEM	SAC
$W \times \ln rd$			−0.115 (−0.31)		
$W \times \ln Fdi$			−0.293 ** (−1.96)		
$W \times \ln Gov$			0.003 (0.41)		
$W \times \ln Faci$			0.023 (0.99)		
ρ	0.618 *** (10.74)	0.573 *** (9.21)	0.560 *** (9.35)		0.169 * (1.80)
λ				0.848 *** (26.33)	0.875 *** (29.90)
观测值	403	372	372	403	403
LogL	820.0338	804.1423	882.5452	882.5452	882.5452
R-sqw	0.1577	0.2435	0.6520	0.0359	0.0500
R-sqb	0.1124	0.5295	0.8100	0.2600	0.2626
R-sqo	0.1075	0.3936	0.7344	0.1558	0.1678

注:*、**、***分别表示通过10%、5%、1%水平下的显著性检验;括号内数值为 z 统计量。

(3)AIC 值比较。下面再将各模型的 AIC 值进行比较。AIC 值越小,说明模型越好。各模型 AIC 值整理后的结果见表6-10。

表 6 – 10　不同模型的 AIC 值

	SAR	DSAR	SDM	DSDM	SEM	SAC
AIC 值	– 1622.0680	– 1590.6160	– 1755.8600	– 1732.3700	– 1695.2220	– 1696.3570

从表 6 – 10 中可以看出,在 SAR 模型、DSAR 模型、SEM 模型、SAC 模型、DSDM 模型和 SDM 模型的 AIC 值中,SDM 模型的 AIC 值是最小的,再一次说明 SDM 模型的结果好于其他空间计量模型,本章选用 SDM 模型是合理的。

(4)豪斯曼检验。本章数据并非随机选取,所以在研究要素配置效率增强对生产力高质量发展时采用了固定效应模型进行估计。为了进一步说明本章所选模型采用固定效应估计更合适,下面进行固定效应模型和随机效应模型的豪斯曼检验(见表 6 – 11)。

表 6 – 11　豪斯曼检验

豪斯曼检验	SAR	SDM	SEM
Hausman x^2	18.5600	62.6000	22.4700
Hausman p-value	0.0174	0.0000	0.0041

从豪斯曼检验结果可见,三个模型的 p 值都非常小,SAR 模型、SDM 模型和 SEM 模型均在 5% 的显著性水平下拒绝了随机效应模型的原假设。这再一次验证了本章选用的固定效应模型是合理的。

综上,本章的经验回归结果具有稳健性,所得结果是可靠的。

6.3.3.4　异质性探讨

在讨论微观企业要素配置存量调整对产品高质量发展的影响时发现,不同区域企业的要素配置存量调整对产品高质量发展的影响存在异质性。东部地区和西部地区企业的要素配置存量调整对产品高质量发展具有显著的促进作用,且西部地区企业资本配置存量调整和劳动配置存量调整对产品高质量发展的影响程度要高于东部地区企业资本配置存量调整和劳动配置存量调整对产品高质量发展的影响程度;中部地区企业资本配置存量调整对产品高质量发展影响不显著,劳动配置存量调整对产品高质量发展具有显著的促进作用。因此,在讨论制造业要素配置效率增强对生产力高质量发展的影响时也应考虑区域的异质性。与第4章的区域划分相同,本章继续分东部地区、中部地区和西部地区进行讨论。分地区的要素配置效率增强对生产力高质量发展影响的SDM模型回归结果见表6-12。

表6-12　分地区SDM回归

	东部地区		中部地区		西部地区	
	综合权重	邻接权重	综合权重	邻接权重	综合权重	邻接权重
ln$Caef$	0.709 ***	0.742 ***	0.564 ***	0.593 ***	0.172 ***	0.181 ***
	(7.41)	(7.91)	(8.01)	(8.97)	(3.60)	(3.63)
ln$Laef$	0.138	0.146	0.351 ***	0.353 ***	0.769 ***	0.714 ***
	(1.28)	(1.34)	(4.12)	(4.37)	(13.78)	(13.13)
lnEdu	−0.110	−0.102	0.139	0.021	−0.037	−0.037
	(−0.88)	(−0.86)	(0.96)	(0.16)	(−0.72)	(−0.73)
lnrd	−2.208 ***	−2.540 ***	−0.066	−0.067	0.468	0.315
	(−3.94)	(−4.80)	(−0.18)	(−0.20)	(1.39)	(0.94)
lnFdi	0.178	0.130	−0.289	−0.176	−0.050	−0.028
	(1.58)	(1.17)	(−1.18)	(−0.79)	(−0.98)	(−0.52)
lnGov	−0.170 ***	−0.183 ***	−0.108 **	−0.134 **	−0.073 **	−0.086 ***
	(−3.08)	(−3.18)	(−2.00)	(−2.22)	(−2.36)	(−2.65)
ln$Faci$	0.100 ***	0.102 ***	−0.109 ***	−0.131 ***	−0.002	−0.030 *
	(6.43)	(7.04)	(−3.22)	(−3.71)	(−0.11)	(−1.88)
$W \times$ ln$Caef$	−0.668 ***	−0.692 ***	−0.335 ***	−0.419 ***	−0.347 ***	−0.377 ***
	(−4.64)	(−5.31)	(−3.42)	(−4.57)	(−3.86)	(−4.36)
$W \times$ ln$Laef$	−0.079	−0.056	−0.501 ***	−0.442 ***	−0.742 ***	−0.651 ***
	(−0.52)	(−0.39)	(−4.25)	(−4.19)	(−8.89)	(−8.71)

续表

	东部地区		中部地区		西部地区	
	综合权重	邻接权重	综合权重	邻接权重	综合权重	邻接权重
$W \times \ln Edu$	0.079 (0.64)	0.059 (0.48)	-0.141 (-0.97)	-0.023 (-0.18)	0.045 (0.84)	0.052 (0.97)
$W \times \ln rd$	2.150*** (3.10)	3.794*** (4.99)	-0.024 (-1.08)	-0.110 (-0.23)	-1.192*** (-2.79)	-0.641 (-1.50)
$W \times \ln Fdi$	-0.596*** (-2.88)	-0.367* (-1.92)	-0.225 (-0.67)	-0.133 (-0.42)	-0.408* (-1.74)	-0.243** (-2.20)
$W \times \ln Gov$	0.105 (1.15)	0.042 (0.44)	0.217*** (2.89)	0.196* (1.87)	-0.089 (-1.44)	0.069 (1.52)
$W \times \ln Faci$	0.044* (1.80)	0.083*** (2.74)	0.150*** (3.14)	0.184*** (3.85)	0.053** (1.98)	0.080*** (3.73)
ρ	0.240** (2.44)	0.201** (2.49)	0.542*** (7.14)	0.592*** (9.71)	0.549*** (7.70)	0.500*** (6.72)
观测值	143	143	117	117	143	143
LogL	312.5791	313.4846	270.3168	274.8435	365.2514	361.3847
R-sqw	0.5640	0.5578	0.7210	0.6762	0.6928	0.7203
R-sqb	0.3066	0.3468	0.1258	0.1001	0.2133	0.0417
R-sqo	0.3515	0.3785	0.4448	0.4113	0.3600	0.2325

注:*、**、***分别表示通过10%、5%、1%水平下的显著性检验;括号内数值为 z 统计量。

从表 6 - 12 可以看出,在 1% 的显著性水平下,东部地区、中部地区和西部地区的资本配置效率增强对生产力高质量发展均具有显著的促进作用,东部地区的劳动配置效率增强对生产力高质量发展影响不显著。中部地区和西部地区的劳动配置效率增强在 1% 的显著性水平下对生产力高质量发展影响显著为正。出现这种现象可能是因为东部地区本身就是人才的集聚地,各种高精尖人才并不缺乏,而中部地区和西部地区引才难,高精尖人才相对缺乏。故东部地区劳动配置效率增强对生产力高质量发展影响不显著,而中部地区和西部地区的劳动配置效率增强对生产力高质量发展的影响显著为正。

除此之外,从表6-12还可以看出,各区域的资本配置效率增强和劳动配置效率增强对生产力高质量发展的影响程度并不相同。东部地区的资本配置效率增强对生产力高质量发展的影响程度最大,中部地区次之,西部地区影响程度最小。劳动配置效率增强对生产力高质量发展的影响则是西部地区影响最大,中部地区居中,东部地区没有显著影响。这说明东部地区资本配置效率还有待继续提高,而西部地区高质量的人力资源缺乏,劳动配置质量不高,劳动配置效率较低。因此表现出,东部地区资本配置效率和西部地区劳动配置效率提升相同幅度,生产力高质量发展提升幅度比其他地区提升幅度更高,即要素配置效率增强对生产力高质量发展的影响具有地区差异性,结论4成立。

空间溢出效应。分地区的空间溢出效应结果见表6-13。

表6-13 分地区的空间溢出效应

		ln$Caef$	ln$Laef$	lnEdu	lnrd	lnFdi	lnGov	ln$Faci$
东部地区	综合权重	-0.597 *** (-3.61)	-0.066 (-0.38)	0.057 (0.50)	1.944 ** (2.42)	-0.656 ** (-2.43)	0.083 (0.74)	0.087 ** (2.35)
	邻接权重	-0.617 *** (-4.45)	-0.092 (-0.59)	0.035 (0.32)	3.747 *** (4.41)	-0.376 (-1.59)	0.005 (0.54)	0.122 *** (3.15)
中部地区	综合权重	-0.042 (-0.25)	-0.597 *** (-2.99)	-0.133 (-1.03)	-0.172 (-0.19)	-0.688 (-0.99)	0.306 * (1.72)	0.172 ** (2.33)
	邻接权重	-0.131 (-0.79)	-0.488 ** (-2.50)	-0.032 (-0.28)	-0.358 (-0.39)	-0.448 (-0.64)	0.251 (0.88)	0.223 *** (2.63)
西部地区	综合权重	-0.505 *** (-2.74)	-0.660 *** (-4.37)	0.049 (0.83)	-1.949 *** (-2.65)	-0.861 (-1.56)	-0.271 ** (-2.29)	0.110 ** (2.22)
	邻接权重	-0.510 *** (-3.25)	-0.538 *** (-4.39)	0.058 (1.03)	-0.913 (-1.39)	-0.455 * (-1.91)	0.040 (0.63)	0.121 *** (3.46)

注:*、**、***分别表示通过10%、5%、1%水平下的显著性检验;括号内数值为z统计量。

表 6 - 13 的结果显示,在东部地区,制度相近且距离相近地区的资本配置效率增强对本地区生产力高质量发展具有负向影响,且在 1% 的显著性水平下影响显著。制度相近且距离相近地区资本配置效率每提高 1% ,会导致本地区生产力高质量发展降低 0.597% 。中部地区制度相近且距离相近地区资本配置效率增强对本地区生产力高质量发展的影响不显著。西部地区制度相近且距离相近地区的资本配置效率增强对本地区生产力高质量发展的影响在 1% 的显著性水平下显著为负。西部地区制度相近且距离相近地区资本配置效率每提高 1% ,会导致本地区生产力高质量发展降低 0.505% 。

东部地区制度相近且距离相近地区劳动配置效率增强对本地区生产力高质量发展的影响不显著。中部地区和西部地区制度相近且距离相近地区劳动配置效率增强对本地区生产力高质量发展的影响均在 1% 的显著性水平下显著为负。中部地区制度相近且距离相近地区劳动配置效率每提高 1% ,会导致本地区生产力高质量发展降低 0.597% 。西部地区制度相近且距离相近地区劳动配置效率每提高 1% ,会导致本地区生产力高质量发展降低 0.660% 。

空间权重矩阵选用邻接权重矩阵所得结果与选用综合权重矩阵所得结果相似,说明分地区的异质性探讨结果是可信的。

6.4　本章小结

本章首先分析了要素配置效率增强对生产力高质量发展的作用路径,接着运用全要素生产率的测算与分解模型和两部门内生增长模型解析了要素配置存量调整和要素配置质量提升如何带来要素配置效率增强以及要素配置效率增强促进生产力高质量发展的内在机理,最后借助空间面板 SDM 的双向固定效应模型对理论分析所得结论进行经验验证。最终得出,在全样本下,资本配置效率增强和劳动配置效率增强对生产力的高质量发展都有显著的促进作用,相似制度环境且距离相近地区的资本配置效率增强和劳动配置效率增强均会抑制本地区生产力的高质量发展,即资本配置效率增强和劳动配置效率增强对生产力高质量发展具有负向的空间溢出作用。相似制度环境且距离相近地区生产力高质量发展对本地区生产力的高质量发展具有显著的正向影响。

分地区结果显示,资本配置效率增强和劳动配置效率增强对生产力高质量发展的影响具有空间异质性。东部地区的资本配置效率增强对生产力高质量发展的影响程度最大,中部地区次之,西部地区影响程度最小。劳动配置效率增强对生产力高质量发展的影响则是西部地区影响最大,中部地区居中,东部地区没有显著影响。在空间溢出效应的分析中得到,东部地区和西部地区制度相近且距离相近地区的资本配置效率增强对本地区生产力高质量发展具有负向影响,而中部地区制度相近且距离相近地区资本配置效率增强对本地区生产力高质量发展的影响不显著。东部地区制度相近且距离相近地区劳动配置效率增强对本地区生产力高质量发展的影响不显著。中部地区和西部地区制度相近且距离相近地区劳动配置效率增强对本地区生产力高质量发展的影响显著为负。

第7章 要素再配置推动制造业高质量发展的政策机制设计

7.1 微观企业要素配置存量调整推动产品高质量发展的政策机制设计

7.1.1 产权保护

健全的产权保护制度是微观企业产品高质量发展的根本性保障。市场经济是法治经济,必须建立在产权明晰、合约得到有效执行和保护的基础上。加强产权保护,尤其是加强知识产权保护,能够营造良好的社会创新环境,提高企业模仿成本,激发创新型企业科研投入积极性,形成公平有序的知识创新环境。健全的产权保护制度,能够进一步优化民营经济发展环境,保证各种所有制法人依法平等、公平参与市场竞争。完善的产权保护制度,可以减少企业家所受到的寻租者的攫取,吸引更多人才成为企业家,进而改善整个经济体的微观结构。

我国目前正处于新旧体制转型时期,各项法律法规还不完善,容易出现政府对产权保护力度不够、政策执行落实不到位等情况。因此,建议进一步健全知识产权保护有关的法律法规,不断提高其可操作性,合理适度、循序渐进地对知识产权进行保护,以促进企业研发创新,促进企业产品高质量发展。同时也建议进一步完善地区之间和部门之间的执法联动协作机制,加大对知识产权侵权的惩罚力度,借助增大违法机会成本来有效遏制侵权行为的发生。除此之外,还建议逐步统一行政执法队伍,以切实提高知识产权保护的执行效率。建议相关部门进一步加强知识产权宣传和培训工作,提高全社会的知识产权保护意识,为知识产权保护创造良好的社会基础。只有这样,才能激发企业的创新热情,加快企业调整生产要素存量的进程,进一步优化生产要素配置,实现微观企业的产品高质量发展。

7.1.2 金融市场化改革

微观企业的资本配置存量调整通过资本的"挤入效应"和"挤出效应"两个方面影响企业创新。"挤入效应"可以缓解企业进行实体投资的外部融资约束,有利于企业进行生产投资和改善技术工艺,实现产品高质量发展。"挤出效应"会使大量资本滞留在虚拟市场中,企业容易陷入过度关注短期收益的误区,减少投资规模。"挤出效应"不利于企业产品的高质量发展。因此,要实现产品的高质量发展,建议政府部门进一步推进金融市场化改革,完善金融市场监管体系,降低杠杆,引导金融资本更多流向高回报率的创新研发领域,抑制资本进入虚拟市场产生"挤出效应"。

完善我国资本市场建设,可以通过充分发挥市场机制在金融资本配置中的作用实现。进一步通过金融体制改革,创新金融工具,拓宽企业资本融资渠道,以便各微观企业调整自身资本存量,解决一些民营企业和中小微企业融资难、融资成本高等问题。企业获得资金以后,可以雇佣所需劳动力,进行劳动配置存量调整。解决资金问题之后,企业管理者更有动力积极进行生产。企业管理者在生产积极性调动起来之后,会通过市场调研,准确把握消费者需求,在尽可能短的时间内以低成本、低能耗生产出满足市场需求的高质量产品,实现企业产品的高质量发展。企业家对市场需求的敏锐性和警觉性,是企业产品高质量发展的关键。但没有资本配置存量和劳动配置存量的及时调整,产品高质量发展也不很难实现。因此,要实现企业产品的高质量发展,建议政府部门更多关注企业金融市场环境,加快推进金融市场化改革。只有加快推进金融市场化改革,资本配置存量和劳动配置存量才有可能及时得到调整,企业家对市场需求的敏锐性和警觉性才有可能被激活,企业才有可能实现产品高质量发展。

除此之外,也建议各地方政府加快建立导向明确和协调配套长期化、制度化的金融政策扶持体系,为金融机构开展金融服务提供稳定的政策预期。建议各地方政府鼓励和引导本地银行机构参与市场竞争,提供多样化的金融产品,满足各类企业投融资需求。

7.1.3　劳动力自由流动

劳动力是经济发展中最基础和最具活力的生产要素,就业则是经济发展最基本的支撑。但是,当劳动力在企业间出现错配现象时,就会阻碍经济发展。当人力资源进入生产部门,生产部门的生产效率得到改善,推动企业技术创新,促进企业产品高质量发展。反之,若人力资源成为寻租者,则会损害经济增长。人力资源流向寻租部门导致进入生产部门人力资源缺少,从而对长期经济发展产生负面影响。因为寻租不仅不具有生产性,而且还会造成生产部门缺少高质量的人力资本流入,导致企业技术创新不足,抑制企业产品高质量发展。这就需要进一步提高从事生产性职业者的收入,避免人力资源流向寻租部门,造成经济发展滞后。

避免寻租现象出现的关键是要进行人力资源配置的市场化,实现劳动力的自由流动。微观企业产品的高质量发展离不开有效的劳动供给。要实现有效的劳动供给,一方面建议政府部门破除可能阻碍劳动力自由流动的各种障碍,真正实现劳动力的自由流动。另一方面建议政府部门进一步完善就业信息交换平台,使企业用工信息与劳动力寻求工作信息快速匹配。

完善的跨区域就业信息交换平台可以促进劳动力跨区域流动。进一步完善本地招聘服务系统,及时发布用工信息、促进就业信息交流,方便劳动者根据自身条件选择合适的工作岗位,最大限度地提高他们的"边际产出"。完善的就业信息交换平台的建设离不开数字技术。数据资源的互联互通可提高就业信息交换效率,缩短劳动力与企业的匹配时间。通过劳动要素的及时调整,可以避免劳动要素配置扭曲造成企业创新效率下降。发展数字技术方面,建议政府部门进一步加强数字基础设施建设。完善的数字基础设施建设有利于专业化的共享服务平台建设,信息的共享可实现信息传导功能,从而优化劳动力要素在各企业间的配置。

随着政府部门逐步破除阻碍劳动力自由流动的行业限制和区域限制等体制机制障碍,劳动力资源在产业和区域间实现了优化配置。随着户籍制度改革的进一步优化,人才落户门槛得到下调,地区福利待遇和工作环境得到改善,优质劳动力流入,解决了企业人才困境,企业实现产品高质量发展。

7.2 中观行业要素配置质量提升推动产业价值链升级与软价值提升的政策机制设计

7.2.1 淘汰落后过剩产能

我国要素市场存在的价格扭曲影响了企业对要素投入的选择。一些企业在发展过程中通过加大要素投入盲目扩张生产规模,导致重复建设、产能过剩和创新惰性,阻碍了产业价值链升级与软价值提升。

淘汰部分企业的落后过剩产能,建议政府部门采取相关措施降低产能过剩产业的退出成本和新兴产业的进入成本,引导产业结构调整升级。同时建议政府部门建立良好的行业退出机制,有效识别僵尸企业,减少对僵尸企业的补贴行为。此外,供给侧结构性改革应坚定不移地推行,通过改革推动新旧动能转换,淘汰落后产业、把持优势产业、发展"短板"产业和高端生产性服务业。当新兴产业遇到危机时,建议政府给予适当帮助,降低新兴产业的淘汰率。在制定产业政策时,建议先评判该政策定量化的效果,以及产业演化路径。在充分了解政府与市场在市场均衡和产业发展中的定位协同作用的基础上,合理利用市场机制,并给予充分时间,以期取得预期效果。

由于国有经济集中行业进入壁垒较高,相比于其他经济,国有经济占比较高行业更容易出现产能过剩问题。针对国有企业,建议进一步落实"政企分开、政资分开"改革,引导国有企业更多地进行利润最大化的市场决策,激励其选择差异化投资项目,以解决产能过剩问题。建议政府部门适当降低国有经济集中行业进入壁垒,进一步降低民营企业进入门槛,促进行业内部竞争,淘汰落后过剩产能。生产要素从产能过剩行业流入战略性新兴行业,要素配置质量得到提升,产业价值链升级与软价值提升得到保障。

引导各地区在自然地理、资源和环境等方面充分发挥自身优势,形成互补的产业链。引导各地就产业发展达成共识,避免重复建设或恶性竞争,共同抵制高风险、高污染产业,避免单个地区为了眼前利益而损害整体利益。建议通过定期的政府间和行业间联席会议来协商解决地区产业布局优化问题。

7.2.2 营造公平竞争的市场环境

公平竞争的市场环境对推动制造业产业价值链升级与软价值提升至关重要。在公平竞争的市场环境下,各市场主体按同等条件和机会,根据效率优先、优胜劣汰法则,使要素向优质企业集中,鼓励优质企业发展壮大,引导落后企业转型升级。对于一些附加值低、对国民经济发展必不可少的弱势产业,建议政府部门在做好产业规划的同时,充分发挥其宏观调控职能,营造良好的社会创新环境,促使各种生产要素和优质资源流向高端产业,从而实现产业价值链升级与软价值提升。

建议政府部门进一步完善民营经济市场准入法律制度,确定民营经济与公有制经济作为市场经济参与主体的平等地位原则,避免给予部分国有企业和外资企业特殊待遇,禁止各种可能对民营企业的歧视性做法,突破行业垄断壁垒。公平竞争的市场环境需要以有效的法治为基础,建议政府部门进一步完善商业法律法规,提升契约执行效率,打击司法腐败。此外,建议进一步强化政府服务意识,提高服务质量,打造政府公共信息服务及共享平台,进一步完善各领域办事公开制度,建设专业服务模式。充分运用云计算和大数据开展"互联网 + 政务",进一步推进行政服务大厅"线下、线上"协同工作改革,逐步增加审批事项的互联网办理渠道。

7.2.3 继续推进要素市场化改革

资本要素和劳动要素的错配,使得高质量资本要素和高质量劳动要素流向部分收益高、产出低的国有或垄断行业,导致流向科技创新行业的高质量资本要素和高质量劳动要素减少,出现部分科技创新行业高质量的生产要素配置不足,部分国有和垄断行业中高质量的生产要素配置过度,阻碍了技术进步。推进要素市场化改革,实现要素市场化程度提高,要素行业间错配状况得到改善,要素行业内投入比例得到优化,要素配置质量就会提升。要素配置质量提升就会促进产业价值链调整,提高产品附加值,从而使产业价值链得到升级,行业软价值得到提升。

改革开放以来,我国资本和劳动等要素的市场化改革取得积极进展。但生产要素领域中计划与市场并存的现象在一定程度上抑制了生产要素的活力,造成了落后产能过剩等现象。鉴于此,建议政府部门进一步实施"简政放权",减少对经济运行的直接干预,使市场对资源配置作用得到充分发挥。具体可从以下两方面做一些考虑。其一,在金融市场领域,建议政府部门继续降低金融服务业市场准入制度标准,针对中小企业融资难、融资贵等问题,构建完善的多层次资本市场,增加服务小微和民营企业的金融服务供给。通过监管部门在防范市场风险的同时维护良好的市场秩序,构建多层次、广覆盖、有差异和大中小合理分工的银行机构体系。监管部门的合理监管,可以化解商业银行风险。资本市场的兼并收购和资产重组能够化解过剩产能、清除"僵尸企业"。其二,在劳动市场上正确认识结构性失业与人力资源的供需错配现状。正确认识在人口红利逐渐消失及创新驱动背景下,市场在人力资源配置中的决定性作用。建议政府部门继续优化户籍制度、创新人才培养模式、加快城镇化进程、改善教育的公平、提升人力资本水平,充分发挥劳动力参与经济活动的积极性与主动性。通过资本和劳动在产业间的自由流动,实现要素配置质量的提升,进而推动产业价值链升级与软价值提升。

7.3 宏观制造业要素配置效率增强推动生产力高质量发展的政策机制设计

7.3.1 创新引领制造业发展方向

建议从中央到地方,从政府到企业,都要树立起建设创新型国家的理念。

通过科技投入和教育投入的增加,增强我国制造业企业的整体创新能力。通过新产业与新业态对制造业企业的不断渗透,加快传统产业生产、管理和产品销售等各个环节的转型。引导企业在原有产业业态上进一步开发新兴产业,促进产业结构调整和升级。

在创新中坚持企业的主体地位,强调大企业的引领示范作用和中小企业参与的重要性。注重提升大企业自主研发能力,尤其注重对核心技术的攻关。加强对中小企业投资,为中小企业搭建必要的基础设施平台。同时,在鼓励中小企业创新等方面要给予更多的政策支持。中小企业是一国经济增长不可或缺的组成因子,只有中小企业活跃并发展起来,整个国家经济才能健康发展。完善创新评价机制,形成鼓励创新、容忍失败的良好氛围,提升科技成果的转化效率,实现制造业生产力的高质量发展。

7.3.2 　激发各类市场活力

首先,建议通过废除部分国有经济和外资经济中存在的不合理待遇,构建公平、和谐的营商环境。给予国有经济、民营经济和外资经济相同的发展待遇和经营条件。其次,我国对民营经济的政策支持不足,民营经济发展相对缓慢。因此,建议在财税金融政策等方面加强对民营企业发展的支持力度。最后,建议打破行政性垄断和市场分割,弱化不必要的政府干预,防止市场垄断,构建更为透明的竞争环境,通过完善市场机制来激发各类经济主体的活力。

政府和市场都是资源配置的方式,但我国发展高质量的制造业,需要以市场机制为核心,使市场在国家宏观调控下对资源配置起基础性作用。当存在外部性和公共产品的情况下建议充分发挥政府的作用以实现帕累托最优。制造业的高质量发展需要借助人力资本、企业家才能及物质资本,明确各种资本在经济中的贡献,借助资本市场的股权和期权建立合理的要素定价机制,通过市场的作用调动各类要素的生产积极性。在市场机制难以发挥作用时,借助政府财税政策加大公共物品供给和创新投入补贴,将外部性内部化,为制造业高质量发展创造有利条件和制度保障。只有这样,要素配置效率才会真正得到提高。

7.3.3 加强区域联动

东中西部地区发展的不平衡,是我国区域经济发展的主要特征,也是我国推进制造业高质量发展的主要制约条件之一。

强化区域联动,深化跨区域协同创新,推进跨区域协同创新网络体系建设。促进创新要素自由有序流动,实现研发资源合理配置,提高各地区要素配置效率,能够促进各地区生产力高质量发展。加强区域联动建设,建议政府部门牢固树立"一体化"意识和"一盘棋"思想,以协同创新平台为依托,加强区域间合作联动,强化分工合作、错位发展。建议根据各地区条件,走合理分工、优化发展的道路,提升各区域发展整体水平和效率。对于各区域内部,建议跨越行政约束、冲破体制机制障碍,从科技合作、资源共享等多方面全方位加强合作,推动区域创新系统协同发展。

建议各省市加强统筹,集聚发展共识,拧紧发展合力。长期以来,各省市拥有的自然资源和经济基础不同,彼此之间发展目标和战略任务差异较大。鉴于此,需要树立"一盘棋"思想,用全局的、整体的和长远的眼光看待我国制造业的未来发展。按照中央关于经济发展以生态优先的要求,建议以生态修复和环境保护为约束发展制造业。建议在中央和地方政府之间建立协调机制,各地方政府之间建立协调机制。通过建立专门的区域协调机构,制定共同的发展目标,出台相应的政策制度或法规来实现。通过区域协调机制的有效运行,实现我国制造业的高质量发展。

推动制造业高质量发展是一个系统工程,建议做好顶层设计,以钉钉子精神,脚踏实地抓成效。首先建议统筹好中央与地方的关系。中央在政策、资金方面创造条件,加强跨地区的事务协调和督促检查。省一级要承上启下,把大政方针和决策部署转化为实施方案,加强指导和督导。市县层面,因地制宜推动工作落地生根。其次建议统筹好市场与政府的关系。深化体制机制改革,充分发挥市场在资源配置中的决定性作用,利用市场机制引导资源要素在各地区之间有序流动和高效配置。最后建议各级政府加大力度创造更好的投资环境、更好的营商环境和更好的发展环境,为制造业生产力高质量发展营造良好的外部环境打好基础。

7.4　本章小结

　　本章基于前文的理论与实证分析结果,针对要素配置存量调整如何推动产品高质量发展、要素配置质量提升如何推动产业价值链升级与软价值提升,以及要素配置效率增强如何推动生产力高质量发展等问题设计了相应的政策机制。本书认为产权保护政策有利于激发微观企业生产高质量产品的积极性,而金融市场化改革和劳动力流动政策有利于实现要素配置存量调整,淘汰落后过剩产能,加速推动产业价值链升级与行业的软价值提升。营造公平竞争的市场环境和推进要素市场化改革可以实现要素配置质量的提升,通过创新引领制造业发展方向,可以为实现全方位的生产力高质量发展指明方向。激发各类市场活力和加强区域联动可以实现各地区、各行业的生产要素自由流动,实现要素配置效率的增强,进而实现制造业整体的高质量发展。

第8章 结语

8.1 研究结论

本书以要素再配置推动制造业高质量发展为研究对象,依次解析微观企业的要素配置存量调整推动产品高质量发展、中观行业的要素配置质量提升促进产业价值链升级与软价值提升和宏观制造业的要素配置效率增强推动生产力高质量发展的作用机制,并对每一个作用机制进行实证检验,提出促进制造业高质量发展的政策建议。将微观企业的要素配置存量调整分为资本配置存量调整和劳动配置存量调整两个维度。资本配置存量调整通过"挤入效应"和"挤出效应"影响企业产品高质量发展。"挤入效应"起促进企业创新作用,"挤出效应"则不利于企业创新。劳动配置存量调整方面,人才流向生产部门促进产品高质量发展,人才流向寻租部门抑制产品高质量发展。中观行业的要素配置质量在政府干预和金融市场化程度提高的情况下实现提升。通过改善行业间要素错配实现要素配置优化,促进产业价值链升级与软价值提升。要素配置存量调整和要素配置质量提升通过动态协同作用,最终会实现要素配置效率增强。要素配置效率增强,一方面通过加快传统产业升级促进产业结构调整,另一方面通过释放要素市场活力促使创新活力强的企业在原有产业业态上开发新产业,实现产业结构调整和升级。随着产业结构的不断调整和升级,最终实现制造业整体生产力的高质量发展。最后,针对实证检验所得结论提出相应对策建议。

本书得出的具体结论如下。

(1)制造业高质量发展需要生产要素的再配置来实现,生产要素的再配置要以制造业高质量发展为指导。要素再配置是推动制造业高质量发展的有效途径。微观企业的要素再配置(要素配置存量调整)推动产品高质量发展;中观行业的要素再配置(要素配置质量提升)推动产业价值链升级与软价值提升;宏观制造业的要素再配置(要素配置效率增强)推动生产力高质量发展。制造业高质量发展要求生产要素的再配置。微观企业的高质量发展(产品高质量发展)要求要素配置存量调整;中观行业的高质量发展(产业价值链升级与软价值提升)要求要素配置质量提升;宏观制造业的高质量发展(生产力的高质量发展)要求要素配置效率增强。

(2)在一个两部门内生增长模型中引入要素配置存量调整和产品高质量发展指标,通过工业企业微观数据研究发现,全样本下,要素配置存量调整均对产品高质量发展具有显著的促进作用。国有企业中产品质量位于高分位点上的企业要素配置存量调整对产品高质量发展的影响不显著。国有企业中产品质量位于低分位点上的企业和非国有企业中的企业要素配置调整对产品高质量发展有显著的促进作用。资本密集型行业中产品质量位于高分位点上企业的资本配置存量调整、技术密集型行业中产品质量位于高分位点上企业的劳动配置存量调整和劳动密集型行业中的劳动配置存量调整均对产品高质量发展影响不显著,其他企业中的要素配置存量调整均对产品高质量发展有促进作用。东部地区和西部地区要素配置存量调整对产品高质量发展具有显著的促进作用,中部地区资本配置存量调整对产品高质量发展影响不显著,劳动配置存量调整对产品高质量发展具有显著的促进作用。

(3)要素在行业间的错配会严重阻碍技术进步,但在金融市场化程度不断提高和政府部门适当干预的情况下,行业间的要素错配现象会逐渐改善,要素配置质量得到提升。要素配置质量的提升有利于产业价值链升级与软价值提升。在全样本下,要素配置质量提升对产业价值链升级与软价值提升有显著的促进作用。资本配置质量提升对产业价值链升级与软价值提升的行业间溢出效应为负,而劳动配置质量提升对产业价值链升级与软价值提升的行业间溢出效应为正。低技术产业和高技术产业中资本配置质量提升能够促进产业价值链升级与软价值提升,而劳动配置质量提升对产业价值链升级与软价值提升的促进作用只有在高技术产业中显著。低技术产业和高技术产业中,资本配置质量提升对产业价值链升级与软价值提升的行业间溢出效应不显著;高技术产业中,劳动配置质量提升对产业价值链升级与软价值提升短期内具有负向溢出效应,长期内溢出效应不显著。

(4)要素配置存量调整和要素配置质量提升通过动态协同作用带来要素配置效率增强,要素配置效率增强有助于生产力的高质量发展。全样本下,要素配置效率增强对生产力高质量发展具有显著的促进作用,但相似制度环境且距离相近地区的要素配置效率增强会抑制本地区生产力的高质量发展。分地区结果显示,东部地区的资本配置效率增强对生产力高质量发展的影响程度最大,中部地区次之,西部地区影响程度最小。劳动配置效率增强对生产力高质量发展的影响则是西部地区影响最大,中部地区居中,东部地区没有显著影响。东部地区劳动配置效率增强和中部地区资本配置效率增强对生产力高质量发展的影响不具有空间溢出效应。

(5)健全的产权保护制度是产品高质量发展的根本性保障。金融市场化改革和劳动力的自由流动是实现要素配置存量快速调整的前提。淘汰落后过剩产能,建立良好的行业退出机制,推进要素市场化改革,营造公平竞争的市场环境,有利于提升要素配置质量,促进产业价值链升级与软价值提升。激发各类市场活力,调动生产积极性,加强区域联动,可以提高要素配置效率。鼓励创新、容忍失败,让中小企业活跃并发展起来,是制造业高质量发展的重要保障。

8.2　研究的不足与未来展望

本书在借鉴现有文献的基础上,对要素再配置推动制造业高质量发展问题进行了研究。分析了微观企业的要素配置存量调整推动产品高质量发展、中观行业的要素配置质量提升促进产业价值链升级与软价值提升和宏观制造业的要素配置效率增强促进生产力高质量发展的作用机制,并进行了实证检验。但在实际研究中,囿于数据的可得性,对要素再配置和制造业高质量发展的指标设计不够细致,没能更深入分析要素再配置对制造业高质量发展的促进作用,对现有研究的解释也可能显得不够完善和全面。随着数据获取手段和科研手段的进步,希望今后能就下列问题进行深入研究。

（1）对要素再配置和制造业高质量发展进行更细致的指标设计，并进行统计测度。

（2）对要素再配置推动制造业高质量发展的内在机理提出更系统的理论性假说，从更广阔的视角进行问题研究，得出更加新颖的结论。

（3）在实证研究方面，仍然存在不完善的地方。下一步可以从更加细致的指标入手，运用更丰富的计量方法，得出更细致的结果。

综上，本书旨在通过理论分析与计量研究解析要素再配置推动制造业高质量发展的作用机制，并针对实证结论提出政策建议。

参考文献

[1]ACEMOGLU D, GUERRIERI V. Capital deepening and non-balanced economic growth[J]. Journal of Political Economy,2008,116(3):467 – 498.

[2]AOKI S. A simple accounting framework for the effect of resource misallocation on aggregate productivity [J]. Journal of the Japanese & International Economies, 2012,26(4):473 – 494.

[3]BARNETT M L. An attention-based view of real options reasoning[J]. The Academy of Management Review,2008,33(3):606 – 628.

[4]BELOTTI F, HUGHES G, MORTARI A P. Spatial panel-data models using Stata[J]. CS Research Paper,2016,17:139 – 180.

[5]BOLDRIN M, LEVINE D K. Rent-seeking and innovation[J]. Journal of Monetary Economics,2004,51(1):127 – 160.

[6]BORGEN N T. Fixed effects in unconditional quantile regression[J]. The Stata Journal,2016,16(2):403 – 415.

[7]BRANDT L, VAN BIESEBROECK J, ZHANG Y F. Creative accounting or creative destruction? Firm-level productivity growth in Chinese manufacturing[J]. Journal of Development Economics,2012,97(2):339 – 351.

[8]CHASE R B,GARVIN D A. The service factory[J]. Harvard Business Review, 1989, 67(4):61 – 69.

[9]CHRISTENSEN L R, JORGENSON D. Measuring economic performance in the private sector [M]//The measurement of economic and social performance.

NBER,1973:233-351.

[10]COMBES P P. Economic structure and local growth: France,1984-1993[J]. Journal of Urban Economics,2000,47(3):329-355.

[11]CURRIE G, KERRIN M. Human resource management and knowledge management: enhancing knowledge sharing in a pharmaceutical company[J]. The International Journal of Human Resource Management, 2003, 14 (6): 1027-1045.

[12]DAVID J M, HOPENHAYN H A,VENKATESWARAN V. Information, misallocation and aggregate productivity[J]. The Quarterly Journal of Economics, 2016,131(2): 943-1005.

[13]DEMIR F. Financial liberalization, private investment and portfolio choice: Financialization of real sectors in emerging markets[J]. Journal of Development Economics,2009,88(2):314-324.

[14]DU J, COOK W D, LIANG L, et al. Fixed cost and resource allocation based on DEA cross-efficiency[J]. European Journal of Operational Research,2014, 235(1): 206-214.

[15]ELHORST J P. Spatial panel data models[M]//Spatial econometrics. Berlin: Springer,2014:37-93.

[16]ELHORST J P, PIRAS G, Arbia G. Growth and convergence in a multiregional model with space-time dynamics[J]. Geographical Analysis,2010,42(3): 338-355.

[17]FÄRE R, GROSSKOPF S, NORRIS M, et al. Productivity growth, technical progress, and efficiency change in industrialized countries[J]. The American Economic Review,1994,84(1):66-83.

[18]FIRPO S, FORTIN N M, LEMIEUX T. Unconditional quantile regressions [J]. Econometrica,2009,77(3):953-973.

[19]FUCHS W, GREEN B, PAPANIKOLAOU D. Adverse selection, slow-moving capital and misallocation[J]. Journal of Financial Economics,2016,120(2): 286-308.

[20]GILCHRIST A. Industry 4.0: the industrial internet of things[M]. Berkeley:

CA Apress, 2016:195 – 215.

[21] HOBO M, WATANABE C, CHEN C J. Double spiral trajectory between retail, manufacturing and customers leads a way to service oriented manufacturing [J]. Technovation,2006,26(7):873 – 890.

[22] HSIEH C T, KLENOW P J. Misallocation and manufacturing TFP in China and India [J]. The Quarterly Journal of Economics, 2009, 124 (4): 1403 – 1448.

[23] HUANG Y P. China's great ascendancy and structural risks: consequences of asymmetric market liberalisation[J]. Asian-Pacific Economic Literature,2010, 24(1):65 – 85.

[24] HULTEN C R. Divisia index numbers[J]. Econometrica, 1973,41 (6): 1017 – 1025.

[25] JORGENSON D W, GRILICHES Z. The explanation of productivity change [J]. The Review of Economic Studies,1967,34(3):249 – 283.

[26] KHANDELWAL A K, SCHOTT P K, WEI S J. Trade liberalization and embedded institutional reform: Evidence from Chinese exporters[J]. The American Economic Review,2013,103(6):2169 – 2195.

[27] KOENKER R, BASSETT Jr G. Regression quantiles[J]. Econometrica,1978, 46(1):33 – 50.

[28] KRUGMAN P. The narrow moving band, the Dutch disease, and the competitive consequences of Mrs. Thatcher: Notes on trade in the presence of dynamic scale economies[J]. Journal of Development Economics,1987,27(1 – 2): 41 – 55.

[29] LAI M, PENG S J, BAO Q. Technology spillovers, absorptive capacity and economic growth[J]. China Economic Review,2006,17(3):300 – 320.

[30] LESAGE J P. An introduction to spatial econometrics[J]. Revue d'économie industrielle,2008(123):19 – 44.

[31] LI BOHU, HOU BAOCUN, YU WENTAO, et al. Applications of artifical intelligence in intelligent manufacturing: a review[J]. Frontiers of information technology & Electronic Engineering,2017,18(1):86 – 96.

[32] LIN J Y. Beyond keynesianism: The necessity of a globally coordinated solution [J]. Harvard International Review, 2009, 31(2): 14 – 17.

[33] LU J Y, LU Y, TAO Z G. Exporting behavior of foreign affiliates: Theory and evidence [J]. Journal of International Economics, 2010, 81(2): 197 – 205.

[34] MARDEN J R, ROUGHGARDEN T. Generalized efficiency bounds in distributed resource allocation [J]. IEEE Transactions on Automatic Control, 2014, 59 (3): 571 – 584.

[35] MARQUES M, AGOSTINHO C, ZACHAREWICZ G, et al. Decentralized decision support for intelligent manufacturing in industry 4.0 [J]. Journal of Ambient Intelligence and Smart Environments, 2017, 9(3): 299 – 313.

[36] MICCO A, REPETTO A. Productivity, misallocation and the labor market [J]. Documentosde Trabajo, 2012: 1 – 42.

[37] MLACHILA M, TAPSOBA R, TAPSOBA S J A. A quality of growth index for developing countries: A proposal [J]. Social Indicators Research, 2017, 134 (2): 675 – 710.

[38] MOLL B. Productivity losses from financial frictions: Can self-financing undo capital misallocation [J]. The American Economic Review, 2014, 104(10): 3186 – 3221.

[39] NAMBISAN S, LYYTINEN K, MAJCHRZAK A, et al. Digital innovation management: reinventing innovation management research in a digital world [J]. MIS Quarterly, 2017, 41(1): 223 – 238.

[40] NORTH DOUGLASS C. Institutions, institutional change and economic performance: preface [J]. 1990, 10. 1017/CBO9780511808678(13): 118 – 130.

[41] OCASIO W. Towards an attention-based view of the firm [J]. Strategic Management Journal, 1997, 18(S1): 187 – 206.

[42] O'DONNELL C J. Econometric estimation of distance functions and associated measures of productivity and efficiency change [J]. Journal of Productivity Analysis, 2014, 41(2): 187 – 200.

[43] PAUN C, MUSETESCU R, TOPAN V, et al. The impact of financial sector development and sophistication on sustainable economic growth [J]. Sustain-

ability,2019,11(6):1713.

[44]POON T S C. Beyond the global production networks: A case of further upgrading of Taiwan's information technology industry[J]. Technology and Globalisation,2004,1(1):130 – 145.

[45]PORTER S R. Quantile regression: Analyzing changes in distributions instead of means[M]// PAULSEN M B. Higher Education: Handbook of Theory and Research. Berlin:Springer International Publishing,2015:335 – 381.

[46]REN C R, GUO C. Middle managers' strategic role in the corporate entrepreneurial process: Attention-based effects[J]. Journal of Management,2011,37(6): 1586 – 1610.

[47]RESTUCCIA D, ROGERSON R. Special issue: misallocation and productivity [J]. Review of Economic Dynamics,2013,41(9):302 – 316.

[48]RESTUCCIA D, ROGERSON R. The causes and costs of misallocation[J]. Journal of Economic Perspectives,2017,31(3):151 – 174.

[49]RIVERA-BATIZ L A, ROMER P M. Economic integration and endogenous growth[J]. The Quarterly Journal of Economics,1991,106(2):531 – 555.

[50]SOO K T. Factor endowments and the location of industry in India[R]. Lancaster University:The Department of Economics,2005:1 – 50.

[51]SPENCE M. Cost reduction, competition and industry performance[J]. Econometrica,1984,52(1):101 – 121.

[52]SULLIVAN B N. Competition and beyond: Problems and attention allocation in the organizational rulemaking process[J]. Organization Science,2010,21(2): 432 – 450.

[53]TIMMER M P, INKLAAR R, O'MAHONY M, et al. Productivity and economic growth in Europe: A comparative industry perspective[J]. International Productivity Monitor,2011,21:3 – 23.

[54]WURGLER J. Financial markets and the allocation of capital[J]. Journal of Financial Economics,2001,58(1):187 – 214.

[55]ZAHRA S A, NIELSEN A P. Sources of capabilities, integration and technology commercialization[J]. Strategic Management Journal of Political Economy,

2002,23(5):377-398.

[56]蔡昉,王德文,曲玥.中国产业升级的大国雁阵模型分析[J].经济研究,2009,44(9):4-14.

[57]蔡跃洲,付一夫.全要素生产率增长中的技术效应与结构效应——基于中国宏观和产业数据的测算及分解[J].经济研究,2017,52(1):72-88.

[58]钞小静,沈坤荣.城乡收入差距、劳动力质量与中国经济增长[J].经济研究,2014,49(6):30-43.

[59]陈彦斌,马啸,刘哲希.要素价格扭曲、企业投资与产出水平[J].世界经济,2015,38(9):29-55.

[60]陈永伟,胡伟民.价格扭曲、要素错配和效率损失:理论和应用[J].经济学(季刊),2011,10(4):1401-1422.

[61]成力为,孙玮,王九云.要素市场不完全视角下的高技术产业创新效率——基于三阶段DEA-Windows的内外资配置效率和规模效率比较[J].科学学研究,2011,29(6):930-938.

[62]程惠芳,陆嘉俊.知识资本对工业企业全要素生产率影响的实证分析[J].经济研究,2014,49(5):174-187.

[63]程凯,杨逢珉.进口中间品质量升级与制造业全球价值链攀升[J].广东财经大学学报,2020,35(5):35-47.

[64]戴魁早,刘友金.要素市场扭曲与创新效率——对中国高技术产业发展的经验分析[J].经济研究,2016,51(7):72-86.

[65]戴翔,金碚.产品内分工、制度质量与出口技术复杂度[J].经济研究,2014,49(7):4-17.

[66]戴翔.中国制造业国际竞争力——基于贸易附加值的测算[J].中国工业经济,2015(1):78-88.

[67]范德成,杜明月.高端装备制造业技术创新资源配置效率及影响因素研究——基于两阶段StoNED和Tobit模型的实证分析[J].中国管理科学,2018,26(1):13-24.

[68]范斐,杜德斌,李恒.区域科技资源配置效率及比较优势分析[J].科学学研究,2012,30(8):1198-1205.

[69]范学俊.金融政策与资本配置效率——1992—2005年中国的实证[J].数

量经济技术经济研究,2008(2):3-15.

[70]方大春,马为彪.中国省际高质量发展的测度及时空特征[J].区域经济评论,2019(2):61-70.

[71]郭凯明,余靖雯,龚六堂.人口政策、劳动力结构与经济增长[J].世界经济,2013,36(11):72-92.

[72]韩剑,郑秋玲.政府干预如何导致地区资源错配——基于行业内和行业间错配的分解[J].中国工业经济,2014(11):69-81.

[73]贺正楚,曹德,吴艳.中国制造业发展质量与国际竞争力的互动路径[J].当代财经,2018(11):88-99.

[74]侯新烁,张宗益,周靖祥.中国经济结构的增长效应及作用路径研究[J].世界经济,2013,36(5):88-111.

[75]胡安俊,孙久文.中国制造业转移的机制、次序与空间模式[J].经济学(季刊),2014,13(4):1533-1556.

[76]黄群慧,贺俊.中国制造业的核心能力、功能定位与发展战略——兼评《中国制造2025》[J].中国工业经济,2015(6):5-17.

[77]简泽,徐扬,吕大国,等.中国跨企业的资本配置扭曲:金融摩擦还是信贷配置的制度偏向[J].中国工业经济,2018(11):24-41.

[78]简兆权,伍卓深.制造业服务化的路径选择研究——基于微笑曲线理论的观点[J].科学学与科学技术管理,2011,32(12):137-143.

[79]江飞涛,武鹏,李晓萍.中国工业经济增长动力机制转换[J].中国工业经济,2014(5):5-17.

[80]金祥荣,茹玉骢,吴宏.制度、企业生产效率与中国地区间出口差异[J].管理世界,2008(11):65-77.

[81]金晓雨.政府补贴、资源误置与制造业生产率[J].财贸经济,2018,39(6):43-57.

[82]李金昌,史龙梅,徐蔼婷.高质量发展评价指标体系探讨[J].统计研究,2019,36(1):4-14.

[83]李静,楠玉,刘霞辉.中国经济稳增长难题:人力资本错配及其解决途径[J].经济研究,2017,52(3):18-31.

[84]李蕾蕾,盛丹.地方环境立法与中国制造业的行业资源配置效率优化[J].

中国工业经济,2018(7):136-154.

[85]李廉水,程中华,刘军.中国制造业"新型化"及其评价研究[J].中国工业经济,2015(2):63-75.

[86]李平,李晓华.中国制造业发展的成就、经验与问题研究[J].中国工程科学,2015,17(7):41-48.

[87]李伟.高质量发展的六大内涵[J].中国林业产业,2018(Z1):50-51.

[88]李雪冬,江可申,夏海力.供给侧改革引领下双三角异质性制造业要素扭曲及生产率比较研究[J].数量经济技术经济研究,2018,35(5):23-39.

[89]李言,高波,雷红.中国地区要素生产率的变迁:1978—2016[J].数量经济技术经济研究,2018,35(10):21-39.

[90]李艳,杨汝岱.地方国企依赖、资源配置效率改善与供给侧改革[J].经济研究,2018,53(2):80-94.

[91]李志远,余淼杰.生产率、信贷约束与企业出口:基于中国企业层面的分析[J].经济研究,2013,48(6):85-99.

[92]李治国,唐国兴.资本形成路径与资本存量调整模型——基于中国转型时期的分析[J].经济研究,2003(2):34-42.

[93]林毅夫.新结构经济学——重构发展经济学的框架[J].经济学(季刊),2010,10(1):1-32.

[94]刘斌,魏倩,吕越,等.制造业服务化与价值链升级[J].经济研究,2016,51(3):151-162.

[95]刘贯春,张晓云,邓光耀.要素重置、经济增长与区域非平衡发展[J].数量经济技术经济研究,2017,34(7):35-56.

[96]刘剑.内生增长理论:综合分析与简要评价[J].审计与经济研究,2005,20(2):67-72.

[97]刘戒骄.增强要素流动促进民营经济高质量发展[J].经济纵横,2019(4):45-51.

[98]刘玲利.科技资源配置理论与配置效率研究[D].长春:吉林大学,2007.

[99]刘明,王思文.β收敛、空间依赖与中国制造业发展[J].数量经济技术经济研究,2018,35(2):3-23.

[100]刘悦,郑玉航,廖高可.金融资源配置方式对产业结构影响的实证研究

[J].中国软科学,2016(8):149 – 158.

[101]鲁桂华,蔺雷,吴贵生.差别化竞争战略与服务增强的内在机理[J].中国工业经济,2005(5):21 – 27.

[102]罗德明,李晔,史晋川.要素市场扭曲、资源错置与生产率[J].经济研究,2012,47(3):4 – 14.

[103]吕文晶,陈劲,刘进.工业互联网的智能制造模式与企业平台建设——基于海尔集团的案例研究[J].中国软科学,2019(7):1 – 13.

[104]马红,侯贵生,王元月.虚拟经济与实体经济非协调发展、资本投向与挤出效应[J].中南财经政法大学学报,2018(3):55 – 64.

[105]马茹,罗晖,王宏伟,等.中国区域经济高质量发展评价指标体系及测度研究[J].中国软科学,2019(7):60 – 67.

[106]孟炯,郭春霞.3D 打印分布式智能制造模式创新[J].软科学,2017,31(1):39 – 43.

[107]孟卫东,孙广绪.中国高技术产业各行业资源配置效率研究——基于 R&D 存量 Malmquist 指数方法[J].科技管理研究,2014,34(4):38 – 42.

[108]聂辉华,贾瑞雪.中国制造业企业生产率与资源误置[J].世界经济,2011,34(7):27 – 42.

[109]聂辉华,江艇,杨汝岱.中国工业企业数据库的使用现状和潜在问题[J].世界经济,2012,35(5):142 – 158.

[110]潘文卿,李子奈,刘强.中国产业间的技术溢出效应:基于 35 个工业部门的经验研究[J].经济研究,2011,46(7):18 – 29.

[111]潘雅茹,罗良文.基础设施投资对经济高质量发展的影响:作用机制与异质性研究[J].改革,2020(6):100 – 113.

[112]齐亚伟,陶长琪.环境约束下要素集聚对区域创新能力的影响——基于 GWR 模型的实证分析[J].科研管理,2014,35(9):17 – 24.

[113]任保平,文丰安.新时代中国高质量发展的判断标准、决定因素与实现途径[J].改革,2018(4):5 – 16.

[114]邵云飞,詹坤,汪腊梅.中国医药产业创新效率的 BCC – Malmquist 时空差异研究[J].科研管理,2016,37(S1):32 – 39.

[115]施炳展,金祥义.注意力配置、互联网搜索与国际贸易[J].经济研究,

2019,54(11):71-86.

[116]斯奈德,尼科尔森.微观经济理论:基本原理与扩展[M].11版.杨筠,李锐,译.北京:北京大学出版社,2015:539-555.

[117]陶长琪,彭永樟,李富强.产业梯度转移促进技术势能集聚的驱动机制与空间效应[J].中国软科学,2019(11):17-30.

[118]陶长琪,彭永樟.从要素驱动到创新驱动:制度质量视角下的经济增长动力转换与路径选择[J].数量经济技术经济研究,2018,35(7):3-21.

[119]陶长琪,徐冬梅.非金融企业杠杆偏离对企业效率的影响[J].当代财经,2020(10):111-123.

[120]陶长琪,周璇.产业融合下的产业结构优化升级效应分析——基于信息产业与制造业耦联的实证研究[J].产业经济研究,2015(3):21-31.

[121]田友春,卢盛荣,靳来群.方法、数据与全要素生产率测算差异[J].数量经济技术经济研究,2017,34(12):22-40.

[122]佟家栋,陈霄.中国工业要素配置扭曲变动及构成研究——基于行业间和行业内分解的视角[J].上海经济研究,2019(1):43-54.

[123]王蓓,陆大道.科技资源空间配置研究进展[J].经济地理,2011,31(5):712-718.

[124]王洪涛,陆铭.供需平衡、动能转换与制造业高质量发展[J].江苏社会科学,2020(4):128-136.

[125]王京,罗福凯.技术—知识投资、要素资本配置与企业成长——来自我国资本市场的经验证据[J].南开管理评论,2017,20(3):90-99.

[126]王可,李连燕."互联网+"对中国制造业发展影响的实证研究[J].数量经济技术经济研究,2018,35(6):3-20.

[127]王启超,王兵,彭睿.人才配置与全要素生产率——兼论中国实体经济高质量增长[J].财经研究,2020,46(1):64-78.

[128]王强,王健,车维汉.适宜制度对要素配置效率的影响——基于跨国数据的实证分析[J].财经研究,2015,41(12):107-117.

[129]王卫,綦良群.要素错配、技术进步偏向与全要素生产率增长——基于装备制造业细分行业的随机前沿模型分析[J].山西财经大学学报,2018,40(12):60-75.

[130]王小鲁,樊纲,余静文.中国分省份市场化指数报告2016[M].北京:社会科学文献出版社,2017:18-46.

[131]王晓芳,胡冰.我国经济驱动要素时间变化趋势及区域要素的差异化研究——基于供给侧要素结构调整视角[J].经济学家,2016(11):26-36.

[132]王秀婷,赵玉林.产业间R&D溢出、人力资本与制造业全要素生产率[J].科学学研究,2020,38(2):227-238.

[133]王一鸣.百年大变局、高质量发展与构建新发展格局[J].管理世界,2020,36(12):1-13.

[134]魏丹.我国粮食生产资源要素优化配置研究[D].武汉:华中农业大学,2011.

[135]魏敏,李书昊.新时代中国经济高质量发展水平的测度研究[J].数量经济技术经济研究,2018,35(11):3-20.

[136]吴贵生,蔺雷.我国制造企业"服务增强"的实证研究及政策建议[J].管理工程学报,2011,25(4):87-95.

[137]吴仁水,董秀良,钟山.信贷约束、资源错配与全要素生产率波动[J].宏观经济研究,2019(6):30-44.

[138]武力超,乔鑫皓,陈玉春,等.资本结构对企业绩效影响的新证据——基于产品市场竞争程度的研究[J].金融论坛,2016,21(8):62-80.

[139]谢攀,林致远.地方保护、要素价格扭曲与资源误置——来自A股上市公司的经验证据[J].财贸经济,2016(2):71-84.

[140]徐坡岭,那振芳.我国制造业在"一带一路"的产业链布局问题——竞争优势互补与中间品贸易视角[J].东北亚论坛,2018,27(3):88-109.

[141]徐晔,宋晓薇.金融资源错置会带来全要素生产率减损吗?[J].产业经济研究,2016(2):51-61.

[142]徐晔,张秋燕.中国高技术产业各行业资源配置效率的实证研究——基于DEA-Malmquist指数方法[J].当代财经,2009(12):74-79.

[143]宣旸,张万里.集聚经济、基础设施与制造业全要素生产率:来自中国207个地级市的证据[J].产经评论,2020,11(1):107-121.

[144]杨俊,李雪松.教育不平等、人力资本积累与经济增长:基于中国的实证研究[J].数量经济技术经济研究,2007(2):37-45.

[145]杨汝岱.中国制造业企业全要素生产率研究[J].经济研究,2015,50(2):61 – 74.

[146]杨振,陈甬军.中国制造业资源误置及福利损失测度[J].经济研究,2013,48(3):43 – 55.

[147]杨振.外资进入的技术效率与资源配置效率研究——基于中国制造业微观数据的实证分析[J].产业经济研究,2014(6):60 – 68.

[148]杨志才,柏培文.要素错配及其对产出损失和收入分配的影响研究[J].数量经济技术经济研究,2017,34(8):21 – 37.

[149]杨志才.要素配置、收入差距与经济增长的实证研究[J].经济与管理研究,2019,40(10):16 – 29.

[150]余东华,田双.全球价值链嵌入、科技资源错配与制造业转型升级[J].财经问题研究,2019(10):35 – 43.

[151]余东华,张维国.要素市场扭曲、资本深化与制造业转型升级[J].当代经济科学,2018,40(2):114 – 123.

[152]余菲菲,高霞.产业互联网下中国制造企业战略转型路径探究[J].科学学研究,2018,36(10):1770 – 1778.

[153]余子鹏,袁玲丽.要素质量、经营环境与我国制造业国际竞争力[J].经济与管理,2019,33(5):54 – 60.

[154]岳书敬.基于低碳经济视角的资本配置效率研究——来自中国工业的分析与检验[J].数量经济技术经济研究,2011,28(4):110 – 123.

[155]张伯超,靳来群,秘燕霞.我国制造业要素密集度异质性产业间资源错配与产业结构升级[J].当代经济管理,2019,41(2):60 – 67.

[156]张虎,韩爱华,杨青龙.中国制造业与生产性服务业协同集聚的空间效应分析[J].数量经济技术经济研究,2017,34(2):3 – 20.

[157]张杰,芦哲,郑文平,等.融资约束、融资渠道与企业 R&D 投入[J].世界经济,2012,35(10):66 – 90.

[158]张杰,周晓艳,李勇.要素市场扭曲抑制了中国企业 R&D?[J].经济研究,2011,46(8):78 – 91.

[159]张龙鹏,张双志.技术赋能:人工智能与产业融合发展的技术创新效应[J].财经科学,2020(6):74 – 88.

[160]张涛.高质量发展的理论阐释及测度方法研究[J].数量经济技术经济研究,2020,37(5):23-43.

[161]张璇,刘贝贝,汪婷,等.信贷寻租、融资约束与企业创新[J].经济研究,2017,52(5):161-174.

[162]张学波,陈思宇,廖聪,等.京津冀地区经济发展的空间溢出效应[J].地理研究,2016,35(9):1753-1766.

[163]张月玲,叶阿忠,陈泓.人力资本结构、适宜技术选择与全要素生产率变动分解——基于区域异质性随机前沿生产函数的经验分析[J].财经研究,2015,41(6):4-18.

[164]赵玉林,谷军健.中美制造业发展质量的测度与比较研究[J].数量经济技术经济研究,2018,35(12):116-133.

[165]周燕,佟家栋."刘易斯拐点"、开放经济与中国二元经济转型[J].南开经济研究,2012(5):3-17.

[166]朱高峰,王迪.当前中国制造业发展情况分析与展望:基于制造强国评价指标体系[J].管理工程学报,2017,31(4):1-7.

[167]朱映惠,王玖令.实体企业金融投资的经济效应研究——基于企业资金配置脱实向虚的视角[J].金融监管研究,2017(6):16-34.

[168]卓乘风,邓峰.创新要素区际流动与产业结构升级[J].经济问题探索,2018(5):70-79.

[169]邹全胜.走出贫困化增长"陷阱":基于要素性质的分析[J].数量经济技术经济研究,2006(6):62-71.

附　　表

附表1　产业价值链升级与软价值提升指数

	2012	2013	2014	2015	2016
农副食品加工业	0.4357	0.4515	0.4584	0.4638	0.4774
食品制造业	0.4821	0.4916	0.4938	0.5003	0.5076
酒、饮料和精制茶制造业	0.5039	0.4896	0.4968	0.4835	0.4906
烟草制品业	0.5335	0.5365	0.5130	0.5224	0.5393
纺织业	0.4499	0.4697	0.4754	0.4890	0.4983
纺织服装、服饰业	0.4292	0.4323	0.4134	0.4294	0.4377
皮革、皮毛、羽毛及其制品和制鞋业	0.3634	0.3819	0.3956	0.4115	0.4258
木材加工和木竹藤棕草制品业	0.3926	0.4085	0.4265	0.4468	0.4574
家具制造业	0.4225	0.4394	0.4547	0.4582	0.4803
造纸和纸制品业	0.4830	0.4987	0.5098	0.5159	0.5250
印刷和记录媒介复制业	0.4743	0.4813	0.4851	0.4905	0.5089
文教、工美、体育和娱乐用品制造业	0.4476	0.4541	0.4663	0.4762	0.4881
石油、煤炭及其他燃料加工业	0.5095	0.4998	0.5141	0.5136	0.5088
化学原料和化学制品制造业	0.5757	0.5840	0.5900	0.5921	0.5919
医药制造业	0.6312	0.6381	0.6400	0.6324	0.6316

续表

	2012	2013	2014	2015	2016
化学纤维制造业	0.5744	0.5833	0.5938	0.6005	0.5923
橡胶和塑料制品业	0.5263	0.5254	0.5313	0.5329	0.5456
非金属矿物制品业	0.4692	0.4864	0.4907	0.4898	0.4984
黑色金属冶炼和压延加工业	0.5504	0.5552	0.5643	0.5569	0.5636
有色金属冶炼和压延加工业	0.5626	0.5638	0.5648	0.5723	0.5812
金属制品业	0.5221	0.5362	0.5413	0.5449	0.5560
通用设备制造业	0.5945	0.5999	0.6076	0.6079	0.6140
专用设备制造业	0.6139	0.6228	0.6193	0.6175	0.6232
汽车制造业	0.6029	0.6130	0.6093	0.6133	0.6122
铁路、船舶、航空航天和其他运输设备制造业	0.6175	0.6336	0.6321	0.6364	0.6331
电器机械和器材制造业	0.5912	0.6017	0.6066	0.6062	0.6107
计算机、通信和其他电子设备制造业	0.6104	0.6096	0.6119	0.6151	0.6182
仪器仪表制造业	0.6367	0.6495	0.6526	0.6466	0.6500
其他制造业	0.5328	0.5138	0.5116	0.5569	0.5509
金属制品、机械和设备修理业	0.5726	0.5713	0.5761	0.5867	0.5931

附表2　生产力高质量发展指数

	2004	2005	2006	2007	2008	2009	2010	2011	2012	2013	2014	2015	2016
北京	0.52	0.55	0.55	0.45	0.44	0.50	0.54	0.40	0.52	0.58	0.49	0.44	0.45
天津	0.63	0.60	0.61	0.56	0.62	0.63	0.66	0.63	0.69	0.69	0.66	0.73	0.67
河北	0.44	0.48	0.47	0.44	0.51	0.55	0.54	0.53	0.59	0.58	0.56	0.63	0.59
山西	0.39	0.39	0.37	0.35	0.33	0.28	0.39	0.37	0.39	0.30	0.28	0.27	0.35
内蒙古	0.46	0.59	0.56	0.51	0.58	0.62	0.46	0.56	0.50	0.63	0.46	0.51	0.53
辽宁	0.42	0.49	0.48	0.43	0.51	0.59	0.59	0.55	0.68	0.61	0.52	0.39	0.29

续表

	2004	2005	2006	2007	2008	2009	2010	2011	2012	2013	2014	2015	2016
吉林	0.34	0.39	0.42	0.45	0.47	0.51	0.61	0.53	0.64	0.58	0.53	0.52	0.56
黑龙江	0.27	0.37	0.26	0.26	0.28	0.38	0.37	0.35	0.40	0.44	0.36	0.40	0.37
上海	0.51	0.58	0.53	0.49	0.51	0.49	0.58	0.47	0.49	0.48	0.49	0.48	0.47
江苏	0.70	0.71	0.73	0.77	0.87	0.85	0.87	0.84	0.95	0.95	0.93	0.95	0.96
浙江	0.74	0.79	0.78	0.77	0.75	0.73	0.76	0.64	0.73	0.67	0.68	0.66	0.64
安徽	0.29	0.36	0.36	0.34	0.45	0.47	0.47	0.52	0.49	0.50	0.50	0.56	0.57
福建	0.42	0.49	0.50	0.49	0.54	0.54	0.60	0.55	0.57	0.58	0.63	0.66,	0.72
江西	0.31	0.37	0.38	0.40	0.47	0.42	0.43	0.44	0.57	0.56	0.55	0.53	0.52
山东	0.63	0.78	0.73	0.72	0.74	0.86	0.68	0.72	0.80	0.90	0.86	0.87	0.89
河南	0.37	0.45	0.42	0.46	0.44	0.50	0.52	0.55	0.53	0.61	0.62	0.64	0.65
湖北	0.31	0.40	0.41	0.37	0.49	0.39	0.53	0.49	0.49	0.52	0.46	0.54	0.54
湖南	0.30	0.39	0.38	0.38	0.45	0.45	0.55	0.51	0.46	0.52	0.51	0.59	0.59
广东	0.64	0.69	0.69	0.68	0.70	0.68	0.74	0.63	0.62	0.71	0.69	0.71	0.73
广西	0.26	0.36	0.34	0.34	0.36	0.38	0.33	0.42	0.49	0.44	0.44	0.48	0.44
海南	0.37	0.37	0.48	0.49	0.34	0.39	0.41	0.35	0.42	0.26	0.48	0.39	0.35
重庆	0.34	0.39	0.44	0.38	0.43	0.49	0.57	0.50	0.48	0.60	0.57	0.57	0.52
四川	0.38	0.47	0.42	0.43	0.46	0.51	0.48	0.50	0.42	0.54	0.53	0.56	0.53
贵州	0.31	0.33	0.32	0.30	0.31	0.38	0.36	0.36	0.41	0.50	0.38	0.41	0.45
云南	0.40	0.44	0.45	0.32	0.42	0.43	0.37	0.39	0.48	0.46	0.42	0.41	0.41
西藏	0.41	0.30	0.29	0.38	0.47	0.48	0.27	0.46	0.43	0.35	0.38	0.46	0.46
陕西	0.35	0.35	0.35	0.32	0.43	0.39	0.42	0.36	0.42	0.34	0.38	0.44	0.40
甘肃	0.29	0.35	0.34	0.33	0.35	0.29	0.27	0.37	0.40	0.45	0.32	0.38	0.36
青海	0.45	0.39	0.36	0.33	0.39	0.35	0.41	0.42	0.45	0.46	0.44	0.39	0.43
宁夏	0.39	0.40	0.42	0.34	0.39	0.35	0.44	0.33	0.52	0.49	0.40	0.45	0.46
新疆	0.28	0.38	0.32	0.27	0.32	0.35	0.32	0.30	0.40	0.41	0.36	0.37	0.35

附表3　注意力配置关键词选取

行业代码	关键词个数	行业代码	关键词个数	行业代码	关键词个数
13	17	23	3	33	9
14	21	24	25	34	15
15	10	25	3	35	15
16	1	26	29	36	7
17	17	27	7	37	8
18	3	28	5	39	6
19	10	29	18	40	12
20	5	30	26	41	2
21	4	31	4	42	0
22	3	32	14	43	1

注:表中注意力配置关键词的选取,依据的是《国民经济行业分类》(GB/T 4754—2011)及百度指数收录情况。本书共选取了300个关键词。

附表4　行业间权重矩阵

	13	14	15	16	17	18	19	20	21	22	23	24	25	26	27
13	0	1	1	0	0	0	1	0	0	0	0	0	0	1	0
14	1	0	1	0	0	0	0	0	0	0	0	0	0	0	0
15	1	1	0	0	0	0	0	0	0	0	0	0	0	1	1
16	0	0	0	0	0	0	0	0	0	0	0	1	0	0	0
17	0	0	0	0	0	1	1	0	0	0	0	0	0	0	0
18	1	1	0	1	0	0	1	0	0	0	0	0	0	1	0
19	0	0	0	0	0	1	0	0	1	0	0	1	0	0	0
20	0	0	0	0	0	0	0	0	1	0	0	1	0	0	0
21	0	0	0	0	0	0	0	0	0	0	0	0	0	0	0

续表

	13	14	15	16	17	18	19	20	21	22	23	24	25	26	27
22	1	1	1	1	0	0	1	1	1	0	1	1	0	0	0
23	0	0	1	1	0	0	0	0	0	0	0	1	0	1	1
24	0	0	0	0	0	0	0	0	0	0	0	0	0	1	1
25	0	0	0	0	0	0	0	0	0	0	0	0	0	1	0
26	0	1	1	1	1	1	1	1	1	1	1	1	1	0	0
27	0	0	0	0	0	0	0	0	0	0	0	0	0	0	0
28	0	0	0	1	1	1	0	0	0	0	0	0	0	0	1
29	1	1	1	1	1	1	1	1	1	0	1	1	0	1	1
30	0	1	1	0	0	0	0	0	1	0	0	0	1	1	1
31	0	0	0	0	0	0	0	0	1	0	0	0	0	0	0
32	0	0	0	0	0	0	0	0	0	0	1	1	0	1	0
33	0	1	1	0	0	0	0	1	1	0	0	0	0	1	1
34	1	1	0	0	0	0	0	0	0	0	0	0	1	1	1
35	0	0	0	0	0	0	0	0	0	0	1	0	0	1	0
36	0	0	0	0	0	0	0	0	0	0	0	0	0	0	0
37	0	0	0	0	0	0	0	0	0	0	0	0	0	0	0
39	0	0	0	0	0	0	0	0	0	0	0	0	0	0	0
40	0	0	0	0	0	0	0	0	0	0	0	0	0	0	0
41	0	0	0	0	0	1	0	0	0	0	0	0	0	0	0
42	0	0	0	0	0	0	0	0	0	1	0	0	0	0	0
43	0	0	0	0	0	0	0	0	0	0	0	0	0	0	0
	28	29	30	31	32	33	34	35	36	37	39	40	41	42	43
13	0	0	0	0	0	0	0	0	0	0	0	0	0	0	0
14	0	0	0	0	0	0	0	0	0	0	0	0	0	0	0

续表

	28	29	30	31	32	33	34	35	36	37	39	40	41	42	43
15	0	0	1	0	0	1	0	0	0	0	0	0	0	0	0
16	0	0	0	1	1	1	1	1	1	0	1	0	0	0	0
17	0	0	0	0	0	0	0	0	0	0	0	0	0	0	0
18	0	1	1	0	0	0	1	1	1	1	1	0	0	0	0
19	0	0	0	0	0	0	0	0	1	0	0	0	0	0	0
20	0	0	0	0	0	1	0	0	0	0	0	0	0	0	0
21	0	0	0	0	0	0	0	0	1	1	0	0	0	0	0
22	0	0	1	0	0	0	0	0	0	0	0	0	0	0	0
23	0	0	1	0	0	0	0	0	0	0	1	0	0	0	0
24	0	0	0	0	0	1	0	0	1	0	1	0	0	0	0
25	0	0	1	1	0	0	0	0	0	0	0	0	0	0	0
26	1	1	1	0	0	0	0	0	0	0	0	0	0	0	0
27	0	0	1	0	0	1	0	1	0	0	1	0	0	0	0
28	0	1	0	0	0	0	0	0	0	0	0	0	0	0	0
29	1	0	0	0	0	0	1	1	1	0	1	0	0	0	0
30	0	1	0	1	1	1	0	0	1	0	1	0	0	0	0
31	0	1	1	0	0	1	1	1	1	0	0	0	0	0	0
32	0	1	1	1	0	1	1	0	1	0	1	0	0	0	0
33	0	1	1	0	0	0	1	1	1	0	1	0	0	0	0
34	0	1	1	1	0	1	0	1	1	1	0	0	0	0	0
35	0	1	0	0	1	1	0	0	1	0	1	0	0	0	0
36	0	0	0	0	0	0	0	1	0	1	0	0	0	0	0
37	0	0	0	0	0	0	0	0	0	0	0	0	0	0	1
39	0	0	0	0	0	0	1	1	1	1	0	1	0	0	0

续表

	28	29	30	31	32	33	34	35	36	37	39	40	41	42	43
40	0	0	0	0	0	0	0	0	0	0	1	0	1	0	1
41	0	0	0	0	0	0	0	0	0	0	0	1	0	0	1
42	0	1	0	1	1	1	0	0	0	0	0	0	0	0	0
43	0	0	0	0	0	0	0	0	0	0	0	1	1	0

注:表中横栏标题和纵栏标题中的数字均表示二分位行业代码,与附表3中行业代码相同。

附表5　制度质量

	2004	2005	2006	2007	2008	2009	2010	2011	2012	2013	2014	2015	2016
北京	0.75	0.86	0.88	0.80	0.58	0.68	0.58	0.54	0.24	0.63	0.68	0.74	0.69
天津	0.49	0.69	0.73	0.73	0.82	0.73	0.69	0.55	0.46	0.59	0.67	0.67	0.46
河北	0.18	0.24	0.29	0.32	0.29	0.38	0.27	0.23	0.19	0.32	0.25	0.24	0.20
山西	0.07	0.07	0.08	0.13	0.07	0.11	0.14	0.09	0.07	0.14	0.15	0.19	0.15
内蒙古	0.24	0.24	0.30	0.33	0.33	0.35	0.37	0.30	0.34	0.46	0.56	0.48	0.40
辽宁	0.49	0.62	0.65	0.71	0.65	0.68	0.69	0.53	0.55	0.62	0.60	0.46	0.27
吉林	0.39	0.45	0.40	0.40	0.36	0.35	0.41	0.35	0.41	0.46	0.49	0.52	0.45
黑龙江	0.28	0.36	0.37	0.32	0.27	0.29	0.33	0.27	0.30	0.38	0.33	0.23	0.20
上海	0.87	0.98	0.94	0.82	0.77	0.76	0.78	0.69	0.60	0.73	0.85	0.89	0.66
江苏	0.60	0.77	0.86	0.88	1.03	0.87	0.93	0.99	0.98	0.94	0.97	0.87	0.70
浙江	0.69	0.70	0.84	0.80	1.08	0.64	0.71	0.72	0.60	0.78	0.86	0.82	0.69
安徽	0.33	0.38	0.40	0.45	0.41	0.42	0.53	0.50	0.55	0.62	0.70	0.65	0.57
福建	0.45	0.54	0.54	0.52	0.58	0.50	0.52	0.60	0.54	0.61	0.69	0.67	0.59
江西	0.25	0.33	0.34	0.40	0.44	0.46	0.43	0.36	0.33	0.35	0.38	0.36	0.30
山东	0.44	0.56	0.57	0.56	0.59	0.49	0.51	0.48	0.38	0.45	0.55	0.53	0.41

续表

	2004	2005	2006	2007	2008	2009	2010	2011	2012	2013	2014	2015	2016
河南	0.18	0.25	0.25	0.22	0.18	0.25	0.25	0.22	0.21	0.19	0.26	0.27	0.29
湖北	0.24	0.34	0.35	0.39	0.40	0.46	0.46	0.43	0.45	0.52	0.56	0.54	0.38
湖南	0.28	0.31	0.31	0.33	0.33	0.32	0.33	0.33	0.38	0.52	0.59	0.58	0.30
广东	0.78	0.89	0.87	0.85	1.08	0.71	0.74	0.76	0.66	0.74	0.88	0.79	0.72
广西	0.18	0.26	0.30	0.37	0.37	0.33	0.34	0.31	0.32	0.37	0.43	0.42	0.37
海南	0.45	0.40	0.43	0.60	0.52	0.48	0.50	0.32	0.58	0.60	0.70	0.60	0.36
重庆	0.41	0.50	0.54	0.60	0.57	0.52	0.51	0.52	0.57	0.76	0.84	0.73	0.58
四川	0.29	0.37	0.43	0.46	0.44	0.45	0.47	0.34	0.40	0.39	0.49	0.62	0.49
贵州	0.09	0.13	0.16	0.16	0.14	0.19	0.15	0.09	0.13	0.18	0.20	0.17	0.10
云南	0.18	0.25	0.21	0.25	0.32	0.28	0.33	0.29	0.30	0.37	0.38	0.07	0.10
西藏	0.21	0.33	0.37	0.38	0.40	0.38	0.46	0.60	0.48	0.51	0.45	0.79	0.42
陕西	0.34	0.32	0.41	0.35	0.26	0.25	0.21	0.31	0.32	0.42	0.53	0.51	0.41
甘肃	0.26	0.32	0.35	0.32	0.27	0.28	0.29	0.23	0.26	0.27	0.30	0.31	0.17
青海	0.64	0.66	0.59	0.58	0.42	0.44	0.45	0.39	0.39	0.38	0.46	0.27	0.35
宁夏	0.32	0.33	0.36	0.37	0.30	0.41	0.38	0.37	0.43	0.36	0.43	0.42	0.41
新疆	0.22	0.23	0.26	0.27	0.21	0.19	0.20	0.17	0.22	0.23	0.30	0.28	0.25

附表6　Malmquist 指数

	2003	2004	2005	2006	2007	2008	2009	2010	2011	2012	2013	2014	2015	2016
北京	1.24	1.30	1.16	1.21	1.15	1.01	1.15	1.17	1.10	1.08	1.13	1.09	1.01	1.09
天津	1.04	1.20	1.05	1.10	1.07	1.03	1.05	1.11	1.13	1.05	1.05	1.03	1.09	1.04
河北	0.97	1.09	1.02	1.05	1.04	1.02	1.09	1.08	1.12	1.03	1.01	0.98	1.04	1.00
山西	1.10	1.15	1.03	1.05	1.08	0.96	0.88	1.07	1.08	0.98	0.92	0.87	0.82	0.98
内蒙古	1.17	1.31	1.31	1.24	1.29	1.16	1.22	1.04	1.25	1.01	1.13	0.99	1.05	1.11

续表

	2003	2004	2005	2006	2007	2008	2009	2010	2011	2012	2013	2014	2015	2016
辽宁	1.08	1.12	1.09	1.09	1.05	1.01	1.09	1.07	1.07	1.04	0.98	0.92	0.83	0.82
吉林	1.06	1.07	1.06	1.12	1.28	1.08	1.14	1.24	1.22	1.15	1.08	1.06	1.03	1.08
黑龙江	1.00	1.00	1.06	0.97	0.97	0.94	1.06	1.07	1.12	1.04	1.06	1.00	1.03	1.02
上海	1.15	1.07	1.06	1.08	1.08	1.00	1.00	1.13	1.04	0.96	1.00	1.00	0.98	1.01
江苏	0.95	1.02	0.92	0.99	1.04	1.01	0.93	1.00	1.02	1.00	1.00	0.97	0.98	1.02
浙江	0.92	1.02	0.98	1.02	1.05	0.96	0.94	1.03	0.98	0.97	0.97	0.96	0.93	0.96
安徽	0.96	1.00	1.01	1.06	1.04	1.06	1.06	1.06	1.20	0.98	1.00	0.96	1.01	1.03
福建	1.04	1.04	1.02	1.07	1.06	0.99	0.97	1.06	1.00	0.91	0.94	0.97	0.93	1.02
江西	0.85	1.08	1.04	1.07	1.14	1.06	0.96	1.01	1.08	1.07	1.06	1.04	0.98	1.01
山东	0.91	1.05	1.05	1.03	1.07	0.98	1.06	0.95	1.03	0.97	1.04	0.98	0.95	1.01
河南	0.92	1.04	1.02	1.01	1.08	0.92	0.98	1.04	1.10	0.94	1.03	1.01	1.00	1.00
湖北	0.85	1.05	1.08	1.13	1.14	1.12	0.99	1.15	1.18	1.00	1.02	0.92	1.02	1.02
湖南	0.90	1.03	1.04	1.06	1.10	1.04	0.99	1.12	1.08	0.90	0.98	0.93	0.98	1.01
广东	1.03	1.04	0.99	1.03	1.07	0.99	0.95	1.05	0.96	0.90	1.01	0.96	0.97	1.01
广西	0.93	1.04	1.09	1.09	1.16	1.02	1.06	1.00	1.15	1.07	1.02	1.02	1.03	0.99
海南	1.33	1.28	1.13	1.31	1.54	1.03	1.12	1.15	1.14	1.08	0.94	1.21	1.07	1.07
重庆	0.99	1.11	1.06	1.19	1.15	1.04	1.12	1.19	1.17	0.98	1.10	1.09	1.06	1.05
四川	0.95	1.11	1.13	1.09	1.15	1.01	1.06	1.02	1.06	0.88	1.03	1.03	1.06	1.06
贵州	0.94	1.09	1.02	1.05	1.07	0.97	1.08	1.05	1.13	1.04	1.11	1.00	1.01	1.08
云南	1.14	1.24	1.14	1.19	1.04	1.07	1.11	1.05	1.17	1.11	1.08	1.08	1.07	1.12
西藏	1.11	1.49	1.07	1.07	1.31	1.21	1.27	1.00	1.37	1.12	1.03	1.11	1.21	1.31
陕西	0.99	1.13	1.02	1.07	1.09	1.10	1.06	1.10	1.09	1.03	0.96	0.98	1.06	1.03
甘肃	0.83	1.06	1.04	1.07	1.11	1.02	0.93	0.97	1.16	1.05	1.09	0.96	1.02	1.04
青海	1.05	1.40	1.16	1.14	1.17	1.09	1.06	1.14	1.24	1.08	1.07	1.09	1.00	1.15

续表

	2003	2004	2005	2006	2007	2008	2009	2010	2011	2012	2013	2014	2015	2016
宁夏	0.97	1.23	1.11	1.17	1.15	1.07	1.03	1.15	1.06	1.16	1.09	1.03	1.04	1.12
新疆	1.09	1.07	1.12	1.08	1.04	1.02	1.06	1.05	1.08	1.07	1.07	1.03	1.02	1.03

注:表中的 2003 表示的是 2002 年到 2003 年的 Malmquist 指数,以此类推。

附表 7　综合权重矩阵

	北京	天津	河北	山西	内蒙古	辽宁	吉林
北京	0	3.9×10^{-5}	2.4×10^{-6}	4.9×10^{-7}	1.5×10^{-6}	1.0×10^{-6}	3.8×10^{-7}
天津	3.9×10^{-5}	0	2.3×10^{-6}	4.0×10^{-7}	9.0×10^{-7}	9.9×10^{-7}	3.5×10^{-7}
河北	2.4×10^{-6}	2.3×10^{-6}	0	1.1×10^{-6}	6.3×10^{-7}	2.0×10^{-7}	8.6×10^{-8}
山西	4.9×10^{-7}	4.0×10^{-7}	1.1×10^{-6}	0	3.8×10^{-7}	6.5×10^{-8}	3.0×10^{-8}
内蒙古	1.5×10^{-6}	9.0×10^{-7}	6.3×10^{-7}	3.8×10^{-7}	0	2.2×10^{-7}	1.1×10^{-7}
辽宁	1.0×10^{-6}	9.9×10^{-7}	2.0×10^{-7}	6.5×10^{-8}	2.2×10^{-7}	0	3.2×10^{-6}
吉林	3.8×10^{-7}	3.5×10^{-7}	8.6×10^{-8}	3.0×10^{-8}	1.1×10^{-7}	3.2×10^{-6}	0
黑龙江	1.8×10^{-7}	1.6×10^{-7}	4.5×10^{-8}	1.7×10^{-8}	6.1×10^{-8}	6.8×10^{-8}	2.2×10^{-6}
上海	4.8×10^{-7}	5.3×10^{-7}	2.1×10^{-7}	7.8×10^{-8}	1.5×10^{-7}	3.3×10^{-7}	1.6×10^{-7}
江苏	7.1×10^{-7}	8.1×10^{-7}	3.7×10^{-7}	1.3×10^{-7}	2.2×10^{-7}	3.6×10^{-7}	1.7×10^{-7}
浙江	4.1×10^{-7}	4.5×10^{-7}	2.0×10^{-7}	7.5×10^{-8}	1.4×10^{-7}	2.6×10^{-7}	1.3×10^{-7}
安徽	4.2×10^{-7}	4.6×10^{-7}	2.4×10^{-7}	9.2×10^{-8}	1.4×10^{-7}	1.9×10^{-7}	8.9×10^{-8}
福建	1.6×10^{-7}	1.6×10^{-7}	7.6×10^{-8}	3.2×10^{-8}	6.4×10^{-8}	1.0×10^{-7}	5.6×10^{-8}
江西	1.6×10^{-7}	1.6×10^{-7}	8.5×10^{-8}	3.7×10^{-8}	6.5×10^{-8}	8.0×10^{-8}	4.1×10^{-8}
山东	2.6×10^{-6}	4.0×10^{-6}	1.8×10^{-6}	3.4×10^{-7}	4.3×10^{-7}	4.6×10^{-7}	1.8×10^{-7}
河南	4.0×10^{-7}	4.2×10^{-7}	4.4×10^{-7}	2.1×10^{-7}	1.7×10^{-7}	9.9×10^{-8}	4.6×10^{-8}
湖北	2.5×10^{-7}	2.6×10^{-7}	1.6×10^{-7}	7.2×10^{-8}	1.1×10^{-7}	1.1×10^{-7}	5.5×10^{-8}
湖南	1.4×10^{-7}	1.4×10^{-7}	7.9×10^{-8}	3.8×10^{-8}	6.6×10^{-8}	6.7×10^{-8}	3.6×10^{-8}
广东	1.5×10^{-7}	1.5×10^{-7}	7.7×10^{-8}	3.6×10^{-8}	7.5×10^{-8}	9.1×10^{-8}	5.1×10^{-8}
广西	5.2×10^{-8}	5.0×10^{-8}	2.6×10^{-8}	1.3×10^{-8}	2.8×10^{-8}	2.9×10^{-8}	1.7×10^{-8}
海南	6.8×10^{-8}	6.5×10^{-8}	3.3×10^{-8}	1.6×10^{-8}	3.5×10^{-8}	4.1×10^{-8}	2.4×10^{-8}
重庆	1.8×10^{-7}	1.7×10^{-7}	1.0×10^{-7}	5.8×10^{-8}	1.1×10^{-7}	8.0×10^{-8}	4.4×10^{-8}

续表

	北京	天津	河北	山西	内蒙古	辽宁	吉林
四川	1.2×10^{-7}	1.1×10^{-7}	6.9×10^{-8}	3.9×10^{-8}	8.4×10^{-8}	5.3×10^{-8}	3.0×10^{-8}
贵州	3.3×10^{-8}	3.1×10^{-8}	1.8×10^{-8}	9.1×10^{-9}	1.9×10^{-8}	1.6×10^{-8}	9.1×10^{-9}
云南	3.9×10^{-8}	3.7×10^{-8}	2.0×10^{-8}	1.0×10^{-8}	2.4×10^{-8}	2.1×10^{-8}	1.2×10^{-8}
西藏	4.6×10^{-8}	4.1×10^{-8}	2.2×10^{-8}	1.1×10^{-8}	3.2×10^{-8}	2.6×10^{-8}	1.6×10^{-8}
陕西	3.1×10^{-7}	2.8×10^{-7}	2.3×10^{-7}	1.7×10^{-7}	2.3×10^{-7}	9.5×10^{-8}	5.0×10^{-8}
甘肃	1.3×10^{-7}	1.2×10^{-7}	7.7×10^{-8}	5.1×10^{-8}	1.3×10^{-7}	5.0×10^{-8}	2.8×10^{-8}
青海	1.8×10^{-7}	1.6×10^{-7}	9.8×10^{-8}	6.1×10^{-8}	1.8×10^{-7}	7.4×10^{-8}	4.3×10^{-8}
宁夏	3.1×10^{-7}	2.5×10^{-7}	1.9×10^{-7}	1.4×10^{-7}	4.3×10^{-7}	9.4×10^{-8}	5.2×10^{-8}
新疆	2.7×10^{-8}	2.3×10^{-8}	1.1×10^{-8}	5.7×10^{-9}	2.1×10^{-8}	1.6×10^{-8}	1.1×10^{-8}

	黑龙江	上海	江苏	浙江	安徽	福建
北京	1.8×10^{-7}	4.8×10^{-7}	7.1×10^{-7}	4.1×10^{-7}	4.2×10^{-7}	1.6×10^{-7}
天津	1.6×10^{-7}	5.3×10^{-7}	8.1×10^{-7}	4.5×10^{-7}	4.6×10^{-7}	1.6×10^{-7}
河北	4.5×10^{-8}	2.1×10^{-7}	3.7×10^{-7}	2.0×10^{-7}	2.4×10^{-7}	7.6×10^{-8}
山西	1.7×10^{-8}	7.8×10^{-8}	1.3×10^{-7}	7.5×10^{-8}	9.2×10^{-8}	3.2×10^{-8}
内蒙古	6.1×10^{-8}	1.5×10^{-7}	2.2×10^{-7}	1.4×10^{-7}	1.4×10^{-7}	6.4×10^{-8}
辽宁	6.8×10^{-7}	3.3×10^{-7}	3.6×10^{-7}	2.6×10^{-7}	1.9×10^{-7}	1.0×10^{-7}
吉林	2.2×10^{-6}	1.6×10^{-7}	1.7×10^{-7}	1.3×10^{-7}	8.9×10^{-8}	5.6×10^{-8}
黑龙江	0	8.5×10^{-8}	9.1×10^{-8}	7.0×10^{-8}	4.9×10^{-8}	3.3×10^{-8}
上海	8.5×10^{-8}	0	9.5×10^{-6}	2.1×10^{-5}	2.4×10^{-6}	1.2×10^{-6}
江苏	9.1×10^{-8}	9.5×10^{-6}	0	1.2×10^{-5}	1.9×10^{-5}	1.1×10^{-6}
浙江	7.0×10^{-8}	2.1×10^{-5}	1.2×10^{-5}	0	3.6×10^{-6}	2.0×10^{-6}
安徽	4.9×10^{-8}	2.4×10^{-6}	1.9×10^{-5}	3.6×10^{-6}	0	6.3×10^{-7}
福建	3.3×10^{-8}	1.2×10^{-6}	1.1×10^{-6}	2.0×10^{-6}	6.3×10^{-7}	0
江西	2.4×10^{-8}	7.6×10^{-7}	1.4×10^{-6}	1.4×10^{-6}	1.2×10^{-6}	1.0×10^{-6}
山东	9.0×10^{-8}	7.5×10^{-7}	1.5×10^{-6}	6.5×10^{-7}	8.8×10^{-7}	2.0×10^{-7}
河南	2.5×10^{-8}	2.6×10^{-7}	5.9×10^{-7}	2.8×10^{-7}	5.1×10^{-7}	1.1×10^{-7}
湖北	3.1×10^{-8}	7.0×10^{-7}	1.7×10^{-6}	1.0×10^{-6}	2.1×10^{-6}	4.8×10^{-7}
湖南	2.1×10^{-8}	3.7×10^{-7}	6.2×10^{-7}	5.3×10^{-7}	5.4×10^{-7}	4.8×10^{-7}

续表

	黑龙江	上海	江苏	浙江	安徽	福建
广东	3.1×10^{-8}	4.4×10^{-7}	5.4×10^{-7}	5.7×10^{-7}	3.7×10^{-7}	9.7×10^{-7}
广西	1.0×10^{-8}	1.0×10^{-7}	1.3×10^{-7}	1.2×10^{-7}	8.9×10^{-8}	1.3×10^{-7}
海南	1.5×10^{-8}	1.5×10^{-7}	1.8×10^{-7}	1.8×10^{-7}	1.2×10^{-7}	2.3×10^{-7}
重庆	2.7×10^{-8}	2.2×10^{-7}	3.3×10^{-7}	2.5×10^{-7}	2.5×10^{-7}	1.9×10^{-7}
四川	1.9×10^{-8}	1.2×10^{-7}	1.8×10^{-7}	1.3×10^{-7}	1.3×10^{-7}	9.6×10^{-8}
贵州	5.7×10^{-9}	4.9×10^{-8}	7.0×10^{-8}	5.9×10^{-8}	5.1×10^{-8}	5.2×10^{-8}
云南	7.7×10^{-9}	5.3×10^{-8}	7.0×10^{-8}	6.0×10^{-8}	4.9×10^{-8}	5.3×10^{-8}
西藏	1.1×10^{-8}	4.2×10^{-8}	5.4×10^{-8}	4.5×10^{-8}	3.5×10^{-8}	3.3×10^{-8}
陕西	2.9×10^{-8}	2.0×10^{-7}	3.5×10^{-7}	2.2×10^{-7}	2.7×10^{-7}	1.2×10^{-7}
甘肃	1.7×10^{-8}	7.5×10^{-8}	1.1×10^{-7}	7.9×10^{-8}	7.8×10^{-8}	4.7×10^{-8}
青海	2.7×10^{-8}	1.0×10^{-7}	1.5×10^{-7}	1.1×10^{-7}	1.0×10^{-7}	6.6×10^{-8}
宁夏	3.2×10^{-8}	1.1×10^{-7}	1.7×10^{-7}	1.2×10^{-7}	1.2×10^{-7}	6.3×10^{-8}
新疆	7.5×10^{-9}	1.7×10^{-8}	2.2×10^{-8}	1.7×10^{-8}	1.4×10^{-8}	1.1×10^{-8}
	江西	山东	河南	湖北	湖南	广东
北京	1.6×10^{-7}	2.6×10^{-6}	4.0×10^{-7}	2.5×10^{-7}	1.4×10^{-7}	1.5×10^{-7}
天津	1.6×10^{-7}	4.0×10^{-6}	4.2×10^{-7}	2.6×10^{-7}	1.4×10^{-7}	1.5×10^{-7}
河北	8.5×10^{-8}	1.8×10^{-6}	4.4×10^{-7}	1.6×10^{-7}	7.9×10^{-8}	7.7×10^{-8}
山西	3.7×10^{-8}	3.4×10^{-7}	2.1×10^{-7}	7.2×10^{-8}	3.8×10^{-8}	3.6×10^{-8}
内蒙古	6.5×10^{-8}	4.3×10^{-7}	1.7×10^{-7}	1.1×10^{-7}	6.6×10^{-8}	7.5×10^{-8}
辽宁	8.0×10^{-8}	4.6×10^{-7}	9.9×10^{-8}	1.1×10^{-7}	6.7×10^{-8}	9.1×10^{-8}
吉林	4.1×10^{-8}	1.8×10^{-7}	4.6×10^{-8}	5.5×10^{-8}	3.6×10^{-8}	5.1×10^{-8}
黑龙江	2.4×10^{-8}	9.0×10^{-8}	2.5×10^{-8}	3.1×10^{-8}	2.1×10^{-8}	3.1×10^{-8}
上海	7.6×10^{-7}	7.5×10^{-7}	2.6×10^{-7}	7.0×10^{-7}	3.7×10^{-7}	4.4×10^{-7}
江苏	1.4×10^{-6}	1.5×10^{-6}	5.9×10^{-7}	1.7×10^{-6}	6.2×10^{-7}	5.4×10^{-7}
浙江	1.4×10^{-6}	6.5×10^{-7}	2.8×10^{-7}	1.0×10^{-6}	5.3×10^{-7}	5.7×10^{-7}
安徽	1.2×10^{-6}	8.8×10^{-7}	5.1×10^{-7}	2.1×10^{-6}	5.4×10^{-7}	3.7×10^{-7}
福建	1.0×10^{-6}	2.0×10^{-7}	1.1×10^{-7}	4.8×10^{-7}	4.8×10^{-7}	9.7×10^{-7}
江西	0	2.3×10^{-7}	1.6×10^{-7}	2.2×10^{-6}	1.6×10^{-6}	6.5×10^{-7}

续表

	江西	山东	河南	湖北	湖南	广东
山东	2.3×10^{-7}	0	8.7×10^{-7}	4.1×10^{-7}	1.8×10^{-7}	1.7×10^{-7}
河南	1.6×10^{-7}	8.7×10^{-7}	0	4.2×10^{-7}	1.5×10^{-7}	1.1×10^{-7}
湖北	2.2×10^{-6}	4.1×10^{-7}	4.2×10^{-7}	0	1.7×10^{-6}	4.8×10^{-7}
湖南	1.6×10^{-6}	1.8×10^{-7}	1.5×10^{-7}	1.7×10^{-6}	0	9.5×10^{-7}
广东	6.5×10^{-7}	1.7×10^{-7}	1.1×10^{-7}	4.8×10^{-7}	9.5×10^{-7}	0
广西	1.2×10^{-7}	5.3×10^{-8}	3.5×10^{-8}	1.2×10^{-7}	2.1×10^{-7}	1.0×10^{-6}
海南	1.6×10^{-7}	6.9×10^{-8}	4.3×10^{-8}	1.4×10^{-7}	2.3×10^{-7}	2.3×10^{-6}
重庆	2.5×10^{-7}	1.8×10^{-7}	1.6×10^{-7}	4.1×10^{-7}	5.0×10^{-7}	4.9×10^{-7}
四川	1.1×10^{-7}	1.1×10^{-7}	9.2×10^{-8}	1.8×10^{-7}	1.9×10^{-7}	2.2×10^{-7}
贵州	5.9×10^{-8}	3.3×10^{-8}	2.5×10^{-8}	7.8×10^{-8}	1.3×10^{-7}	2.0×10^{-7}
云南	4.9×10^{-8}	3.7×10^{-8}	2.5×10^{-8}	6.3×10^{-8}	8.2×10^{-8}	1.8×10^{-7}
西藏	2.8×10^{-8}	3.6×10^{-8}	2.1×10^{-8}	3.7×10^{-8}	3.7×10^{-8}	6.8×10^{-8}
陕西	1.7×10^{-7}	3.2×10^{-7}	4.4×10^{-7}	3.7×10^{-7}	2.3×10^{-7}	1.8×10^{-7}
甘肃	5.1×10^{-8}	1.0×10^{-7}	7.7×10^{-8}	8.7×10^{-8}	6.8×10^{-8}	7.9×10^{-8}
青海	6.8×10^{-8}	1.3×10^{-7}	9.0×10^{-8}	1.1×10^{-7}	8.9×10^{-8}	1.1×10^{-7}
宁夏	6.8×10^{-8}	2.0×10^{-7}	1.4×10^{-7}	1.2×10^{-7}	8.1×10^{-8}	9.1×10^{-8}
新疆	9.2×10^{-9}	1.7×10^{-8}	8.8×10^{-9}	1.3×10^{-8}	1.1×10^{-8}	1.8×10^{-8}

	广西	海南	重庆	四川	贵州	云南
北京	5.2×10^{-8}	6.8×10^{-8}	1.8×10^{-7}	1.2×10^{-7}	3.3×10^{-8}	3.9×10^{-8}
天津	5.0×10^{-8}	6.5×10^{-8}	1.7×10^{-7}	1.1×10^{-7}	3.1×10^{-8}	3.7×10^{-8}
河北	2.6×10^{-8}	3.3×10^{-8}	1.0×10^{-7}	6.9×10^{-8}	1.8×10^{-8}	2.0×10^{-8}
山西	1.3×10^{-8}	1.6×10^{-8}	5.8×10^{-8}	3.9×10^{-8}	9.1×10^{-9}	1.0×10^{-8}
内蒙古	2.8×10^{-8}	3.5×10^{-8}	1.1×10^{-7}	8.4×10^{-8}	1.9×10^{-8}	2.4×10^{-8}
辽宁	2.9×10^{-8}	4.1×10^{-8}	8.0×10^{-8}	5.3×10^{-8}	1.6×10^{-8}	2.1×10^{-8}
吉林	1.7×10^{-8}	2.4×10^{-8}	4.4×10^{-8}	3.0×10^{-8}	9.1×10^{-9}	1.2×10^{-8}
黑龙江	1.0×10^{-8}	1.5×10^{-8}	2.7×10^{-8}	1.9×10^{-8}	5.7×10^{-9}	7.7×10^{-9}
上海	1.0×10^{-7}	1.5×10^{-7}	2.2×10^{-7}	1.2×10^{-7}	4.9×10^{-8}	5.3×10^{-8}
江苏	1.3×10^{-7}	1.8×10^{-7}	3.3×10^{-7}	1.8×10^{-7}	7.0×10^{-8}	7.0×10^{-8}

续表

	广西	海南	重庆	四川	贵州	云南
浙江	1.2×10^{-7}	1.8×10^{-7}	2.5×10^{-7}	1.3×10^{-7}	5.9×10^{-8}	6.0×10^{-8}
安徽	8.9×10^{-8}	1.2×10^{-7}	2.5×10^{-7}	1.3×10^{-7}	5.1×10^{-8}	4.9×10^{-8}
福建	1.3×10^{-7}	2.3×10^{-7}	1.9×10^{-7}	9.6×10^{-8}	5.2×10^{-8}	5.3×10^{-8}
江西	1.2×10^{-7}	1.6×10^{-7}	2.5×10^{-7}	1.1×10^{-7}	5.9×10^{-8}	4.9×10^{-8}
山东	5.3×10^{-8}	6.9×10^{-8}	1.8×10^{-7}	1.1×10^{-7}	3.3×10^{-8}	3.7×10^{-8}
河南	3.5×10^{-8}	4.3×10^{-8}	1.6×10^{-7}	9.2×10^{-8}	2.5×10^{-8}	2.5×10^{-8}
湖北	1.2×10^{-7}	1.4×10^{-7}	4.1×10^{-7}	1.8×10^{-7}	7.8×10^{-8}	6.3×10^{-8}
湖南	2.1×10^{-7}	2.3×10^{-7}	5.0×10^{-7}	1.9×10^{-7}	1.3×10^{-7}	8.2×10^{-8}
广东	1.0×10^{-6}	2.3×10^{-6}	4.9×10^{-7}	2.2×10^{-7}	2.0×10^{-7}	1.8×10^{-7}
广西	0	1.5×10^{-6}	3.1×10^{-7}	1.4×10^{-7}	2.3×10^{-7}	2.2×10^{-7}
海南	1.5×10^{-6}	0	2.5×10^{-7}	1.2×10^{-7}	1.2×10^{-7}	1.5×10^{-7}
重庆	3.1×10^{-7}	2.5×10^{-7}	0	3.3×10^{-6}	7.7×10^{-7}	3.7×10^{-7}
四川	1.4×10^{-7}	1.2×10^{-7}	3.3×10^{-6}	0	2.2×10^{-7}	2.6×10^{-7}
贵州	2.3×10^{-7}	1.2×10^{-7}	7.7×10^{-7}	2.2×10^{-7}	0	2.0×10^{-7}
云南	2.2×10^{-7}	1.5×10^{-7}	3.7×10^{-7}	2.6×10^{-7}	2.0×10^{-7}	0
西藏	4.1×10^{-8}	4.7×10^{-8}	1.2×10^{-7}	1.2×10^{-7}	2.7×10^{-8}	7.1×10^{-8}
陕西	7.5×10^{-8}	8.0×10^{-8}	6.6×10^{-7}	4.3×10^{-7}	7.1×10^{-8}	6.8×10^{-8}
甘肃	3.8×10^{-8}	4.1×10^{-8}	2.7×10^{-7}	3.2×10^{-7}	3.4×10^{-8}	4.6×10^{-8}
青海	5.6×10^{-8}	6.1×10^{-8}	3.3×10^{-7}	4.1×10^{-7}	4.7×10^{-8}	7.2×10^{-8}
宁夏	3.9×10^{-8}	4.5×10^{-8}	2.2×10^{-7}	2.0×10^{-7}	3.1×10^{-8}	4.0×10^{-8}
新疆	8.3×10^{-9}	1.0×10^{-8}	2.5×10^{-8}	2.3×10^{-8}	5.1×10^{-9}	9.4×10^{-9}
	西藏	陕西	甘肃	青海	宁夏	新疆
北京	4.6×10^{-8}	3.1×10^{-7}	1.3×10^{-7}	1.8×10^{-7}	3.1×10^{-7}	2.7×10^{-8}
天津	4.1×10^{-8}	2.8×10^{-7}	1.2×10^{-7}	1.6×10^{-7}	2.5×10^{-7}	2.3×10^{-8}
河北	2.2×10^{-8}	2.3×10^{-7}	7.7×10^{-8}	9.8×10^{-8}	1.9×10^{-7}	1.1×10^{-8}
山西	1.1×10^{-8}	1.7×10^{-7}	5.1×10^{-8}	6.1×10^{-8}	1.4×10^{-7}	5.7×10^{-9}
内蒙古	3.2×10^{-8}	2.3×10^{-7}	1.3×10^{-7}	1.8×10^{-7}	4.3×10^{-7}	2.1×10^{-8}
辽宁	2.6×10^{-8}	9.5×10^{-8}	5.0×10^{-8}	7.4×10^{-8}	9.4×10^{-8}	1.6×10^{-8}

续表

	西藏	陕西	甘肃	青海	宁夏	新疆
吉林	1.6×10^{-8}	5.0×10^{-8}	2.8×10^{-8}	4.3×10^{-8}	5.2×10^{-8}	1.1×10^{-8}
黑龙江	1.1×10^{-8}	2.9×10^{-8}	1.7×10^{-8}	2.7×10^{-8}	3.2×10^{-8}	7.5×10^{-9}
上海	4.2×10^{-8}	2.0×10^{-7}	7.5×10^{-8}	1.0×10^{-7}	1.1×10^{-7}	1.7×10^{-8}
江苏	5.4×10^{-8}	3.5×10^{-7}	1.1×10^{-7}	1.5×10^{-7}	1.7×10^{-7}	2.2×10^{-8}
浙江	4.5×10^{-8}	2.2×10^{-7}	7.9×10^{-8}	1.1×10^{-7}	1.2×10^{-7}	1.7×10^{-8}
安徽	3.5×10^{-8}	2.7×10^{-7}	7.8×10^{-8}	1.0×10^{-7}	1.2×10^{-7}	1.4×10^{-8}
福建	3.3×10^{-8}	1.2×10^{-7}	4.7×10^{-8}	6.6×10^{-8}	6.3×10^{-8}	1.1×10^{-8}
江西	2.8×10^{-8}	1.7×10^{-7}	5.1×10^{-8}	6.8×10^{-8}	6.8×10^{-8}	9.2×10^{-9}
山东	3.6×10^{-8}	3.2×10^{-7}	1.0×10^{-7}	1.3×10^{-7}	2.0×10^{-7}	1.7×10^{-8}
河南	2.1×10^{-8}	4.4×10^{-7}	7.7×10^{-8}	9.0×10^{-8}	1.4×10^{-7}	8.8×10^{-9}
湖北	3.7×10^{-8}	3.7×10^{-7}	8.7×10^{-8}	1.1×10^{-7}	1.2×10^{-7}	1.3×10^{-8}
湖南	3.7×10^{-8}	2.3×10^{-7}	6.8×10^{-8}	8.9×10^{-8}	8.1×10^{-8}	1.1×10^{-8}
广东	6.8×10^{-8}	1.8×10^{-7}	7.9×10^{-8}	1.1×10^{-7}	9.1×10^{-8}	1.8×10^{-8}
广西	4.1×10^{-8}	7.5×10^{-8}	3.8×10^{-8}	5.6×10^{-8}	3.9×10^{-8}	8.3×10^{-9}
海南	4.7×10^{-8}	8.0×10^{-8}	4.1×10^{-8}	6.1×10^{-8}	4.5×10^{-8}	1.0×10^{-8}
重庆	1.2×10^{-7}	6.6×10^{-7}	2.7×10^{-7}	3.3×10^{-7}	2.2×10^{-7}	2.5×10^{-8}
四川	1.2×10^{-7}	4.3×10^{-7}	3.2×10^{-7}	4.1×10^{-7}	2.0×10^{-7}	2.3×10^{-8}
贵州	2.7×10^{-8}	7.1×10^{-8}	3.4×10^{-8}	4.7×10^{-8}	3.1×10^{-8}	5.1×10^{-9}
云南	7.1×10^{-8}	6.8×10^{-8}	4.6×10^{-8}	7.2×10^{-8}	4.0×10^{-8}	9.4×10^{-9}
西藏	0	5.6×10^{-8}	6.6×10^{-8}	1.4×10^{-7}	5.8×10^{-8}	4.1×10^{-8}
陕西	5.6×10^{-8}	0	4.2×10^{-7}	3.7×10^{-7}	5.4×10^{-7}	2.0×10^{-8}
甘肃	6.6×10^{-8}	4.2×10^{-7}	0	3.5×10^{-6}	9.2×10^{-7}	2.5×10^{-8}
青海	1.4×10^{-7}	3.7×10^{-7}	3.5×10^{-6}	0	9.1×10^{-7}	5.4×10^{-8}
宁夏	5.8×10^{-8}	5.4×10^{-7}	9.2×10^{-7}	9.1×10^{-7}	0	3.1×10^{-8}
新疆	4.1×10^{-8}	2.0×10^{-8}	2.5×10^{-8}	5.4×10^{-8}	3.1×10^{-8}	0